Marmelade & Konfitüre

Gertrude Kreipel

EINFACH
SELBST GEMACHT

Marmelade & Konfitüre

DÖRFLER · VERLAG

Alle in diesem Buch enthaltenen Angaben, Vorschläge, Rezepte etc. wurden von der Autorin nach bestem Wissen erstellt und von ihr und dem Verlag mit größtmöglicher Sorgfalt überprüft. Gleichwohl sind inhaltliche Fehler nicht vollständig auszuschließen.
Daher erfolgen die Angaben etc. ohne jegliche Verpflichtung oder Garantie des Verlags oder der Autorin. Eine Haftung der Autorin und des Verlags für Personen-, Sach- und Vermögensschäden ist ausgeschlossen.

Originaltitel: Lust auf Marmelade & Konfitüre

Genehmigte Sonderausgabe für
DÖRFLER VERLAG GmbH, Eggolsheim

Im Internet finden Sie unser Verlagsprogramm unter:
www.doerfler-verlag.de

Inhalt

Abkürzungen

EL	Esslöffel
TL	Teelöffel
kg	Kilogramm
g	Gramm
l	Liter
dl	Deziliter (1 dl = 0,1 l = 100 ml)
cl	Zentiliter (1 cl = 0,01 l = 10 ml)
ml	Milliliter (1 ml = 0,001 l)
Pckg.	Packung
Msp.	Messerspitze

Läuterzucker (Zubereitung siehe Seite 89)

Vorwort

Liebe Leserinnen und Leser!

Gestatten Sie mir, mich heute wieder einmal bei Ihnen zu melden.
Nun kommt die schöne Zeit, wo Ihre Mühen belohnt werden, denn alle Bäume und Sträucher tragen Früchte.
Die abgeernteten Früchte wollen aber konserviert werden und so schreibe ich Ihnen heute Rezepte für Marmeladen und Gelees auf, die Sie leicht zubereiten können.
Auch Fruchtteller, die Sie gleich Ihren Kindern und Enkeln servieren können, möchte ich aufschreiben sowie einige Extras, welche Sie vielleicht noch nicht kennen, aber ausprobieren sollten, da sie wunderbar schmecken.
Ich werde jeweils alle Rezepte, die mir zu einer Obstsorte einfallen, an Sie weitergeben. Die Möglichkeit, verschiedene Methoden zu einer Frucht zu finden, ist gegeben und wird ihre eigene Art des Einkochens für Sie erleichtern.
Ich wünsche Ihnen einen fruchtreichen Sommer und bleibe mit herzlichen Grüßen

Ihre Gertrude Kreipel

1. Kapitel

Steinobst

Zu Anfang gleich ein Rezept, das Ihren Appetit zum Weiterlesen anregen soll.

Kirschen in Weinbrand

Schöne, ausgesuchte, gleichmäßig große Kirschen werden mit einem Küchentuch sauber abgewischt und der Stiel halb abgeschnitten. Die Früchte nun in eine weithalsige Flasche oder ein Gurkenglas füllen. Gut schütteln, damit nicht zu viel Luft zwischen den Früchten bleibt. Bereiten Sie aus 500 g Zucker Läuterzucker und vermischen Sie den erkalteten Zucker mit $^1/_2$ l Weinbrand. Verfeinern Sie mit einem kleinen Stück Zimtrinde und gießen Sie den so gefertigten Weinbrand über die Kirschen. Mit einem Twist-off-Deckel das Gurkenglas luftdicht verschließen und dunkel und kühl aufbewahren.

TIPP! Ungeöffnet hält diese Spezialität jahrelang! Wenn Sie jedoch einen etwas anderen Geschmack haben möchten, legen Sie die Kirschen in Rum oder Korn ein und nehmen eine geringere Zuckermenge!

Sterilisierte Kirschen

Die Kirschen werden gewaschen, von den Stielen befreit und mit Kristallzucker in Gläser gefüllt. Rechnen Sie bitte auf 1000 g Kirschen 150 g Zucker. Die Gläser werden nebeneinander in einen Topf gestellt. Den Topf nun mit Wasser füllen, sodass die Gläser zu $^2/_3$ bis $^3/_4$ im Wasserbad stehen. Das Wasserbad nun zum Kochen bringen und die Gläser darin ca. 15 Minuten sterilisieren. Danach im Topf erkalten lassen.

Tipp! Legen Sie bitte eine Schicht Gras oder Heu in den Topf, um ein Zerspringen der Gläser beim Sterilisieren zu vermeiden!

Kirschenkonfitüre 1

Zutaten:
1000 g Kirschen oder Schattenmorellen
400 g Zucker

Die entsteinten Kirschen werden mit dem Zucker zum Feuer gegeben und unter Rühren gekocht, bis die Konfitüre gallertartig ist. Die Konfitüre wird in Gläser mit Twist-off-Deckel gefüllt und sofort verschlossen. Auf dem Deckel stehend 12 Stunden ruhen lassen und erst danach wegräumen.

Tipp! Je kompakter die Kirschen sind, umso weniger Wasser lassen sie! Bei sehr festen Kirschen müssen Sie 2–3 EL Wasser beifügen!

Dieses Rezept stammt aus einem Schweizer Kochbuch aus dem Jahre 1902, herausgegeben von der Haushaltungs- und Kochlehrerin der Frauenfachschule Basel.

Kirschen in Johannisbeersaft

Zutaten:
2000 g entsteinte Kirschen
Saft von 500 g Johannisbeeren
1500 g Zucker

Früchte, Saft und Zucker werden miteinander auf den Herd gegeben und die Marmelade so lange gekocht, bis sie dick ist. Die fertige Konfitüre in Gläser füllen und luftdicht verschließen.

TIPP! Fügen Sie einmal 2 Gewürznelken bei und Sie haben einen neuen wunderbaren Geschmack! Die Gewürznelken vor dem Abfüllen in Gläser entfernen!

Nun etwas ganz Besonderes, ein Rezept aus dem Jahre 1855. Es stammt vom Bayerischen Königshof.

Kirschenkoch

Man schlägt festen Schnee von 4 Eiklar, gibt in denselben 4 EL Mehl, 4 EL gemahlenen Zucker und 4 Eidotter, rührt alles behutsam um, gibt die Hälfte in eine mit Butter ausgeschmierte Form, belegt mit Kirschen, bedeckt mit der restlichen Hälfte, und bäckt es langsam.

Kirschenkompott

Zutaten:
1000 g Kirschen
250 g Zucker
3/8 l Wasser

Den Zucker mit 3/8 l Wasser 10 Minuten kochen, abschäumen und die entstielten, entkernten Kirschen hineingeben. Weich kochen und im eigenen Saft erkalten lassen. In heiß ausgespülte Gläser geben und sofort verschließen.

TIPP! In Verbindung mit Grießbrei ist dieses Kompott gut geeignet für Kinder oder für rekonvaleszente Menschen!

Wenn Ihnen Kirschenkompott übrig bleibt, haben Sie die Grundlage für einen leichten Sommerdrink.

Kirschshake

Pürieren Sie übrig gebliebenes Kirschenkompott und vermengen Sie den entstandenen Brei mit Buttermilch und einem zerstoßenen Eiswürfel.

TIPP! Dekorieren Sie das Glas mit frischen Kirschen und einem Löffelbiskuit!

Kirschenkonfitüre 2

Zutaten:
3000 g schwarze Kirschen
Saft von 2 Zitronen
2000 g Gelierzucker

Die Kirschen werden gewaschen und entsteint. Mit dem Zitronensaft eine Viertelstunde auf kleiner Flamme dünsten. Die Früchte sollen im eigenen Saft schwimmen. Ist dies geschehen, erhöhen Sie die Hitze, bis der Saft auf $^1/_3$ reduziert ist. Den Topf vom Herd nehmen und den Gelierzucker einrühren, bis er ganz aufgelöst ist. Neuerlich auf den Herd stellen und so lange kochen, bis die Konfitüre geliert. Sofort in vorgewärmte Twist-off-Gläser füllen und luftdicht verschließen.

TIPP! Bitte kochen Sie die Kirschen nicht zu lange! Geben Sie nicht zu viel Zucker bei, da dies der Farbe und dem Geschmack schadet! Die Konfitüre sollte leicht säuerlich schmecken!

Schattenmorellensalat

250 g Schattenmorellen werden entkernt. Die Kerne zerklopft man und bindet sie in ein Leinenfleckchen, worauf man das Fruchtfleisch mit den eingebundenen Kernen, 200 g Zucker, dem Saft einer Zitrone und $^1/_8$ l Rotwein kurz aufkocht. Hernach gleich durch ein Haarsieb passieren und 750 g entsteinte dunkle Herzkirschen in den Saft einmengen. Den Salat in eine tiefe Schüssel geben und eine Stunde beizen lassen.

Kirschtrunk

Zutaten:
$^1/_2$ l Milch
3 gestrichene EL Vanille-Puddingpulver
1 Pckg. Vanillezucker
2 EL Sherry-Likör oder Kirschwasser

Die Milch in eine Schüssel gießen. Das Puddingpulver auf einmal zu der Flüssigkeit geben und mit dem Mixer gut durchschlagen. Den Vanillezucker und das Kirschwasser bzw. den Sherry-Likör hinzugeben und bis zum Servieren kalt stellen.

TIPP! Nehmen Sie einmal Puddingpulver mit Malzgeschmack und Sie haben eine Köstlichkeit mit neuer Geschmacksvariante!

Kirschsuppe

Man nimmt 500 g saure Kirschen, entsteint einige davon und zerkleinert sie im Mörser. Dann gibt man die Kirschen mit den zerstoßenen Steinen sowie etwas Zitronenschale und 3 Gewürznelken zum Feuer. So lange kochen, bis das Kirschfleisch zerfällt. Dann passiert man alles durch ein Sieb. 2 Stück Zwieback werden zerbröselt und mit $^3/_4$ l Wasser und 125 g Zucker zu der Kirschmasse gegeben. Sobald die Suppe nochmals aufgekocht hat, wird sie mit Zucker abgeschmeckt und auf Löffelbiskuits aufgetragen.

TIPP! Rösten Sie die Löffelbiskuits vorher in Butter kurz an und geben Sie 1 TL Schlagsahne auf die Suppe!

Hier nun ein Rezept aus der Nachkriegszeit, wo Obst kostbar war und manche Bauern oft ein Kilogramm Kirschen gegen ein komplettes Bettzeug tauschten.

Kirschsauce

Man stoße in einem Mörser saure, getrocknete Kirschen und die Steine von frischen Kirschen, koche sie nebst den Kirschen, frischen oder getrockneten, 15 Minuten mit Wasser und einigen Gewürznelken und Zitronenscheiben und rühre sie durch ein grobes Sieb. Dann lässt man die Sauce wieder kochen, gibt Zucker, Zimt und Nelkenpulver dazu und rührt so viel Stärkemehl (Maizena oder Mondamin) mit etwas Wasser daran, dass die Sauce recht gebunden wird.

Tipp! Diese Sauce passt wunderbar zu Quarknocken bzw. Quarkklößen oder zu Eis!

Kirschenmarmelade

Zutaten:
2500 g schwarze Kirschen
1500 g Gelierzucker
2 Zitronen

Die küchenfertig vorbereiteten Kirschen mit dem Saft der Zitronen 15 Minuten auf kleiner Flamme dünsten, bis sie im eigenen Saft schwimmen. Die Hitze erhöhen und die Kirschen so lange kochen (ca. 45 Minuten), bis ein Großteil des Saftes verdampft ist. Nehmen Sie jetzt den Topf vom Herd und rühren Sie den Gelierzucker ein. So lange rühren, bis der Zucker vollständig aufgelöst ist. Nun kochen Sie bitte noch mal auf, bis die Marmelade zu gelieren beginnt. Vergessen Sie nicht ständig zu rühren, damit sich nichts von der Marmelade anlegt. Die fertige Marmelade in vorgewärmte Gläser abfüllen und luftdicht verschließen.

TIPP! Diese Zutaten ergeben eine Menge von 3500 g Marmelade!

Mein Nachbar hat einen Herzkirschen-Baum und dessen sehr feste Früchte teilt er meist mit mir, da er selbst nicht alle verwerten kann. Ich muss sagen, die Kirschen aus Nachbars Garten werden von mir in eine Paste verwandelt, die unser beider Enkel begeistert.

Kirschpaste

Zutaten:
2000 g frische Kirschen
kaltes Wasser
Gelierzucker

Bitte putzen Sie die Kirschen sorgfältig. Entfernen Sie alle Stiele und auch angeschlagene Früchte. Kochen Sie jetzt die Früchte gerade in so viel Wasser, dass sie nicht anbrennen, in etwa 30 Minuten, bis sie weich und zart sind. Um die Haut und Kerne zu entfernen, passieren Sie nun alles durch ein Sieb. (Diese Art ist weniger zeitaufwendig als vorher zu entkernen.) Bitte wiegen Sie das Fruchtpüree und geben Sie es zurück in den Kochtopf. Nun zu einer dickflüssigen Masse kochen. Vom Herd nehmen und auf 500 g gewogenes Püree 200 g Gelierzucker einrühren. Kochen Sie nun die Masse so lange, bis sie schwer vom Löffel fällt.

TIPP! Ich fülle die Paste in kleine Stanniolförmchen, die ich auch für Rumkugeln verwende.

Wenn ich Kirschenkompott zubereite, habe ich meistens am nächsten Tag sehr viel Kompottsaft übrig, aber keine Früchte mehr – so habe ich Folgendes erdacht. Ich schreibe Ihnen dieses Rezept auf, weil ich sicher bin, auch einigen von Ihnen ergeht es so wie mir.

Kirschengelee

Für 1/2 l übrig gebliebenen Kompottsaft nehme ich 4 bis 5 Blätter Gelatine und weiche diese 5 Minuten ein. In der Zwischenzeit richte ich kleine Puddingförmchen vor, die ich kalt ausspüle. In den erwärmten Kompottsaft rühre ich die Gelatine ein und fülle alles sofort in die vorbereiteten Förmchen. Rasch in den Kühlschrank zum Erkalten stellen und ein Kindernachtisch ist fertig.

TIPP! Wenn Sie den Kompottsaft mit etwas Rotwein und Zucker aufkochen, ehe Sie die Gelatine zugeben, haben Sie einen perfekten Nachtisch für Erwachsene!

Nun möchte ich Ihnen Rezepte mit Aprikosen vorstellen.

Aprikosenkonfitüre

Zutaten:
2000 g frische und reife Aprikosen
2000 g Gelierzucker
1/2 l kaltes Wasser

Die Aprikosen waschen und halbieren, die Steine entfernen, aber nicht wegwerfen. Die Aprikosen mit dem Gelierzucker und dem Wasser vorsichtig kochen, damit die Früchte nicht zu stark zerfallen. Währenddessen knacken Sie bitte die Steine und geben die Kerne

auch in den Topf. Diese Kerne geben der Konfitüre erst ihren besonderen Geschmack. Wenn die Aprikosen gar sind, verteilen Sie diese gleichmäßig in vorbereitete Gläser. Den Sirup nochmals aufkochen, bis er anfängt zu gelieren. Bitte schöpfen Sie den entstehenden Schaum ab. Verteilen Sie nun den Sirup und die Aprikosenkerne gleichmäßig über die Früchte und verschließen Sie die Gläser luftdicht.
Diese Menge ergibt ca. 3000 g Konfitüre!

Eingelegte Aprikosen

Schöne ausgereifte, aber noch nicht weiche Aprikosen werden geschält, in Hälften geteilt und entsteint. Die aufgeschlagenen Kerne werden mit den halbierten Früchten in Gläser gereiht. Dabei sollten die Früchte mit der Schnittseite nach unten eng übereinander geschichtet werden. Bereiten Sie Läuterzucker (siehe Seite 89), gießen Sie diesen über die eingelegten Früchte und verschließen Sie die Gläser sofort. Im Wasserbad 30 Minuten sterilisieren.

TIPP! Wenn Sie, wie ich annehme, kein Sterilisierungsgerät zu Hause haben, nehmen Sie ganz einfach einen großen Kochtopf und legen etwas getrocknetes Gras auf den Boden, ehe Sie Wasser einfüllen, denn so kann Ihr Glas nicht bersten, wenn es mit dem heißen Boden in Berührung kommt!

Aprikoseneiscreme

Zutaten:
500 g halbierte, reife Aprikosen
1/8 l Weißwein
1/2 l Schlagsahne
150 g feiner Zucker

Die Aprikosen setzt man mit dem Weißwein auf den Herd und dünstet die Früchte weich. Dann wird die Masse passiert (Pürierstab) oder durch ein feines Sieb gestrichen. Die Sahne wird steif geschlagen, mit dem Zucker und dem Fruchtmus verrührt. Geben Sie diese Masse nun in eine passende Form oder füllen Sie in entsprechende Formen, in denen Sie gleich servieren.

TIPP! Damit sich das Eis leichter aus der Form löst, halten Sie es bitte ganz kurz unter heißes Wasser! Zur Dekoration nehmen Sie einige Tupfer Schlagsahne und Aprikosenscheiben!

Aprikosenmarmelade 1

Reife Aprikosen werden entkernt und gekocht, bis sie weich sind. Dann passiert man sie durch ein Sieb und kocht neuerlich bis zur Tropfenprobe. Noch warm in Twist-off-Gläser füllen und mit 1 EL Schnaps abdecken, um die Haltbarkeit zu erhöhen. Sofort verschließen und ganz erkalten lassen.
Nehmen Sie für 1000 g Aprikosen 500 g Zucker und 1/4 l Wasser.

TIPP! Die Tropfenprobe machen Sie, indem Sie 1/4 Teelöffel Marmelade auf einen kalten Teller geben! Wenn der Tropfen nicht auseinander läuft, ist die Marmelade gerade richtig, um zu gelieren!

Aprikosenjam

Zutaten:
2000 g reife Aprikosen
4 dl kaltes Wasser
2000 g Gelierzucker

Die Aprikosen waschen und halbieren. Die halbierten Aprikosen auf Tabletts verteilen, mit Gelierzucker bestreuen und 12 Stunden lang durchziehen lassen. Dann die Aprikosenhälften mit dem Wasser und dem verbliebenen Gelierzucker so vorsichtig kochen, dass die Früchte nicht zerfallen. In der Zwischenzeit knacken Sie die Aprikosenkerne und geben das Innere ebenfalls in den Topf. Diese Kerne verleihen Ihrem Jam erst den besonderen Geschmack. Alles dick einkochen lassen, in saubere Gläser füllen und erst nach dem Erkalten verschließen.

TIPP! Wenn Sie bemerken, dass sich ein dünnes Häutchen auf dem Jam bildet, können Sie die Gläser verschließen! Dieser Jam, in dem auch die Haut nicht wegpassiert wurde, ist sehr reich an Vitaminen und daher für Kinder besonders geeignet!

Nun wieder eine Paste, die in meiner Kindheit, wie ich Ihnen schon erzählte, Bonbons ersetzte.

Aprikosenpaste 1

Dazu nehmen Sie 1000 g sehr reife Aprikosen und entsteinen diese. Die rohen Früchte durch ein Sieb passieren und das daraus entstandene Mark nochmals durch ein sehr feines Sieb streichen. In diese Masse 800 g Puderzucker einrühren und dick einkochen. Ein sauberes Backblech wird mit der Aprikosenmasse bestrichen und fest mit Puderzucker bestreut. Wenn alles erkaltet ist, die Paste in gefällige Stücke schneiden und in einer Dose aufbewahren.

Hier noch ein Rezept meiner Mutter, die ihre Paste so zubereitete:

Aprikosenpaste 2

500 g Aprikosenmark werden durch ein Sieb gestrichen und auf dem Feuer sehr dick eingekocht. Dann werden 750 g Puderzucker darunter gerührt und so lange aufgekocht, bis die Masse zäh ist. Auf einem Backblech gleichmäßige Häufchen aufsetzen und nach dem Erkalten je 2 und 2 mit Schokolade zusammen setzen. Aber auch einfach als Dessert gereicht, vergessen Sie den Geschmack nie wieder.

Aprikosenkompott

Zutaten:
1000 g Aprikosen
300 g Zucker
Saft von 1/2 Zitrone

Zucker und Zitronensaft 10 Minuten in 1/2 l Wasser kochen. Die Aprikosen kurz in heißes Wasser tauchen und schälen. Die Aprikosen halbieren und in die Zuckerlösung geben. Kurz weich kochen und sofort in Portionsschüsseln geben. Den verbleibenden Saft durch Einkochen auf die Hälfte reduzieren und erst kalt über die Aprikosen gießen.

TIPP! Diese Art der Kompott-Zubereitung eignet sich vorzüglich zu Kaiserschmarren, Eierkuchen, Grießauflauf oder Milchreis!

Aprikosenschaum

Zutaten:
2 EL feine Aprikosenmarmelade
4 EL Puderzucker
4 Eiklar
1/8 l süße Sahne

Die Eiklar schlagen, den Zucker dazugeben, weiter schlagen und zuletzt die Aprikosenmarmelade dazurühren. In eine gebutterte Auflaufform füllen und im Dampf 10 Minuten kochen. Einige Stunden sehr kalt stellen und danach stürzen. Mit Schlagsahne verzieren.

TIPP! Wenn Sie ein Kinderfest vorbereiten, können Sie diesen Schaum schon am Vortag herstellen und haben so eine Kinderüberraschung, die rasch fertig ist!

Aprikosenmarmelade 2

Zutaten:
1000 g Aprikosen
1000 g Gelierzucker
Apfelessig
1 Stück Zimtrinde
(ca. 2 cm)

Die geschälten, entsteinten Früchte werden halbiert und mit Apfelessig eingespritzt. 20 Minuten marinieren lassen. In der Zwischenzeit eher kleinere Gläser vorbereiten. Den Zucker in etwas Wasser auflösen und die Aprikosenhälften dazugeben. Alles unter ständigem Rühren aufkochen, bis die Masse dick ist. Noch heiß in die bereitgestellten Gläser füllen und luftdicht verschließen.

Nun ein Rezept für die Männer unter den Einkochexperten.

Aprikosen in Obstbrand

Zutaten:
zu je 500 g Frucht
375 g feiner Zucker
$^1/_4$ l Wasser
etwas Obstbrand zum
Auffüllen der Gläser

Den Zucker in $^1/_4$ l Wasser auflösen und die reifen, aber unbeschädigten, reinen Früchte hineinlegen, einmal aufwallen lassen und vom Herd nehmen. Zudecken und über Nacht stehen lassen. Danach noch einmal aufkochen und in eine weithalsige Flasche oder ein Gurkenglas füllen. Mit dem Obstbrand auffüllen und verschließen.

TIPP! Wenn die Früchte abgesunken sind, ist der Obstbrand eingesogen und Sie können verkosten!

Kalter Aprikosenschaum

2 EL Aprikosengelee mit 4 EL Puderzucker verrühren. Von 4 Eiklar Schnee schlagen und beide Massen vorsichtig vermischen. In einer Auflaufform 12 Minuten im Dampf kochen. Ehe Sie den Aprikosenschaum stürzen, kurz auf Eis stellen und dann mit Schlagsahne dekorieren.

Konfitüre aus getrockneten Aprikosen

Zutaten:
500 g getrocknete Aprikosen
2 l Wasser
3 EL Zitronensaft
1500 g Zucker
50 g gestiftelte Mandeln

Die Dörrfrüchte unter fließendem Wasser waschen, dann mit Wasser bedeckt 24 Stunden quellen lassen. Mit dem Einweichwasser und dem Zitronensaft ganz weich kochen. Den Zucker beigeben und so lange rühren, bis er sich aufgelöst hat. 15 Minuten kräftig kochen und dann die Mandelstifte dazugeben. In saubere Twist-off-Gläser füllen, sofort verschließen und auf dem Deckel stehend auskühlen lassen.

TIPP! Diese Konfitüre eignet sich besonders gut als Tortenfüllung oder auf ein Butterbrot!

Kalt gerührter Aprikosenbrei

Zutaten:
1000 g passierte Aprikosen, entspricht 2500 g frischen Früchten
1000 g Puderzucker

Die passierten Aprikosen werden mit dem Puderzucker kräftig aufgeschlagen (Handmixer). Füllen Sie den so bereiteten Brei in kleine Flaschen bis zum Hals und füllen Sie den Hals bis zum Verschluss mit Wodka oder Obstler an. Verschließen Sie die Flaschen und bewahren Sie diese im Dunkeln auf.

Tipp! Je länger Sie diesen Brei rühren, umso länger wird die Haltbarkeit! Eine einmal geöffnete Flasche müssen Sie jedoch raschest aufbrauchen, da keine Haltbarkeit mehr gegeben ist! Dieser Brei ist die ideale Babykost und hat mit Grießbrei verfeinert auch meinen Kindern geschmeckt!

Ein Rezept mit getrockneten Aprikosen möchte ich Ihnen noch vorstellen, welches rasch zubereitet ist und jedes Sommerbüfett bereichert.

Aprikosenkugeln

Zutaten:
200 g getrocknete Aprikosen
100 g Mandeln
100 g Zucker
2 EL Rum
Hagelzucker

Die Aprikosen mit den Mandeln und dem Zucker zweimal durch den Fleischwolf drehen, mit Rum verkneten, Kügelchen drehen, in Hagelzucker wälzen. In Pralinenkapseln setzen und kühl aufbewahren.

TIPP! Statt Rum können Sie den Geschmack mit Aprikosenlikör verfeinern oder für eine Kinderfeier den Likör mit Schokoladensauce tauschen!

Rasche Aprikosenmarmelade

Die entsteinten Früchte werden mit Zucker, der der Hälfte ihres Gewichtes entspricht, zum Herd gegeben und dicklich eingekocht. Die Marmelade wird in saubere Gläser gefüllt, verschlossen und stehend ausgekühlt. Dann erst in den Vorratsraum stellen.

Nun werde ich Ihnen einige Rezepte mit Pfirsichen vorstellen. Ich hoffe, Sie finden auch hier einiges zum Ausprobieren.

Pfirsiche im Dampf

Die Früchte werden geschält, entkernt, dabei halbiert und in Gläser gefüllt. Nun wird so viel abgekochtes Wasser darüber gegossen, dass die Früchte nicht ganz bedeckt sind. Luftdicht verschließen und im Wasserbad 15 Minuten bei 90 °C erhitzen. Bei Gebrauch wird der Saft mit Zucker nach Geschmack aufgekocht.

TIPP! Diese Dampfpfirsiche lassen sich im Winter herrlich in eine Pfirsichbowle verwandeln! Nur mehr die Früchte in eine Bowleschüssel geben und mit Sekt aufgießen!

Pfirsichkompott

Die noch festen Pfirsiche werden geschält und gespalten. Nehmen Sie für 5000 g Pfirsiche 1000 g Zucker. Die Früchte werden mit dem Zucker je nach Größe 5 bis 10 Minuten gekocht und nach dem Erkalten in Gläser gefüllt. Danach nochmals ca. 10 Minuten im Dampf gekocht und erst herausgenommen, wenn sie erkaltet sind.

Pfirsich Melba

Zutaten:
2 große Pfirsiche
50 g Zucker
1 Pckg. Vanilleeis
2 EL Weinbrand
Himbeersirup
Schlagsahne zum Garnieren

Die Pfirsiche unter warmem Wasser schälen, halbieren und in wenig Zuckersirup ganz kurz dünsten. Das Vanilleeis in 4 Eisschalen verteilen, je eine Pfirsichhälfte darauflegen, mit Weinbrand beträufeln und mit Himbeersirup überziehen. Mit etwas Schlagsahne verzieren.

Pfirsichröster

Zutaten:
2000 g Pfirsiche
400 g Zucker
1/4 l Weißwein

Den Zucker mit 1/4 l Wasser aufkochen, den Weißwein dazugeben. Die Pfirsiche entkernen, in Stücke schneiden und zu der Wein-Zucker-Mischung geben. Alles zusammen so lange verkochen, bis die Masse sehr zäh ist und der Kochlöffel stecken bleibt. Dann in vorbereitete Twist-off-Gläser füllen und mit 2 EL Obstler oder einem anderen Brand abdecken. Verschließen und erst nach dem Erkalten wegräumen.

Pfirsichkonfitüre

Rechnen Sie für 2000 g Obst 1000 g Zucker.
Die Pfirsiche werden mit kochendem Wasser abgebrüht und geschält. Entkernen und mit dem Zucker zu einer dicklichen Konfitüre einkochen. In vorbereitete Twist-off-Gläser füllen und auf dem Deckel stehend erkalten lassen.

Pfirsich in Aspik

200 g Zucker kocht man mit den ausgelösten Kernen von 5 Pfirsichen und $^1/_2$ l Wasser. Die Früchte werden geschält und halbiert. Bitte kochen Sie die Früchte nicht zu weich und legen Sie die Hälften in Kompottschüsseln, die Sie vorher mit kaltem Wasser ausgespült haben. Nun geben Sie die Speisegelatine in den Saft und zuckern eventuell noch nach.
Dann die Flüssigkeit über die Früchte gießen und abkühlen lassen.

Tipp! Da meine Enkelkinder wohl den halben Pfirsich essen, jedoch die Sülze stehen lassen, lege ich jetzt den klein geschnittenen Pfirsich ein, so wird alles aufgegessen!

Pfirsichrohkost

8 sehr reife Pfirsiche werden entkernt und in Würfel geschnitten. Die Früchte dann mit 1 EL Honig, 4 bis 5 EL Rum und dem Saft einer Zitrone vermischen. Mit dem Handmixer verrühren Sie 250 g Magerquark und 200 g Zucker, bis sich alles innig verbunden hat. Der Saft, der sich aus Rum und Obst gebildet hat, wird zu der Quark-Zucker-Masse gegeben und verrührt. Auf einem Dessertteller die Quarkmasse anrichten und mit den Früchten gefällig garnieren.

Pfirsichlimonade

Dazu geben Sie das Fruchtfleisch von 8 geschälten, entkernten Pfirsichen in einen Mixaufsatz und fügen langsam 1/2 l Milch und 4 EL Honig dazu.

TIPP! Auch mit Sauer- oder Buttermilch ist dieser Drink sehr erfrischend!

Pfirsichmilch

4 bis 5 ganz frische Pfirsichblätter legt man in 1 l kochende Milch und lässt sie 15 Minuten darin ziehen. Dann nimmt man sie heraus,

versüßt die Milch nach Geschmack, verdickt sie mit 1 TL klar gerührtem Kartoffelmehl (Maizena oder Mondamin) und zieht sie mit 2 Eigelb, die man vorher in Milch verquirlt hat, ab.

TIPP! Dieses Getränk sollte sehr kalt serviert werden, jedoch ohne Eiswürfel, denn das beeinträchtigt den Geschmack!

Pfirsichmarmelade nach Hausfrauenart

3000 g entsteinte Pfirsiche werden mit 1500 g Zucker aufs Feuer gestellt und sehr dick eingekocht. Die Marmelade wird in saubere Twist-off-Gläser gefüllt und auf dem Deckel stehend ausgekühlt.

Liebe Leserinnen und Leser!
Da die Zubereitungsweise von Konfitüre, Marmelade, Paste oder Kompott dieselbe ist, die auch bei Aprikosen angewandt wird, möchte ich Ihnen nicht die gleichen Rezepte aufschreiben und nur Aprikosen gegen Pfirsiche austauschen. Daher nehme ich gleich die nächste Frucht in Angriff, die Zwetschge.

Zwetschgenmarmelade 1

Recht reife Zwetschgen werden mit kochendem Wasser gebrüht, danach gehäutet und im eigenen Saft zu Brei gekocht. Durch ein Sieb streichen und mit halb so viel Zucker zu steifer Marmelade kochen. Noch heiß in Gläser füllen.

TIPP! Wenn Sie einige Stücke getrockneten Ingwer mitkochen, erhöht sich der Geschmack und die Haltbarkeit!

Zwetschgenröster

Dazu werden alle weichen und überreifen Früchte genommen. Die Früchte werden entkernt und in ein geeignetes Geschirr gegeben. Auf jedes Kilogramm Zwetschgen gibt man 250 g Zucker. Mit ständigem Umrühren bis zur gewünschten Dicke kochen. In Gläser füllen und wie schon beschrieben im Dampf 15 Minuten kochen. Erst nach dem Erkalten aus dem Wasser nehmen und wegräumen.

Zwetschgenmarmelade 2

Reife Zwetschgen werden mit gekochtem Wasser übergossen, schnell zugedeckt, nach 5 Minuten abgeseiht und passiert. Kochen Sie je Kilo Fruchtmark 450 g Zucker in $^1/_4$ l Wasser auf und rühren Sie das Mark dazu. Wenn das Mark bis zum Gelieren eingedickt ist, in saubere Gläser füllen und die Oberfläche mit 2 EL Korn oder Obstler je Glas abdecken. Sofort verschließen und auskühlen lassen.

Kirschenkoch

(siehe auch Rezept auf Seite 12)

Eingelegte Aprikosen
(siehe auch Rezept auf Seite 19)

Aprikoseneiscreme
(siehe auch Rezept auf Seite 20)

Aprikosenjam
(siehe auch Rezept auf Seite 21)

Was wäre Österreich ohne die Spezialität aus Zwetschgen, den überall bekannten:

Powidl (Zwetschgenmus)

Die Zwetschgen werden ausgelöst und in einem passenden Geschirr langsam zum Kochen gebracht. Unter fleißigem Umrühren so lange kochen, bis der Powidl sehr dick ist. In eher kleinere Gläser füllen und glatt streichen. Erkalten lassen und dann die Oberfläche mit Öl einpinseln. Die Gläser luftdicht verschließen.

TIPP! Der so behandelte Powidl hält jahrelang und durch das Bepinseln mit Öl kann sich kein Schimmel bilden!

Zwetschgenwurst

Zutaten:
500 g Backpflaumen
250 g geschälte Mandeln
100 g Orangeat
100 g Feigen
100 g Rosinen
Schale einer Zitrone
40 g Semmelbrösel
250 g Puderzucker

Die Backpflaumen entkernen, leicht kochen und fein schneiden. Die Mandeln und anderen Früchte fein schneiden, gemeinsam mit dem Zucker und den Semmelbröseln zu den Pflaumen mischen. Das Ganze unter ständigem Rühren kochen lassen. Abgekühlt auf ein mit Zucker bestreutes Brett geben, zu einer Wurst formen und mehrere Tage trocknen lassen. Danach in fingerdicke Scheiben schneiden.

TIPP! Meine Mutter bereitete diese Wurst immer nach der Zwetschgenernte, anschneiden durften wir sie aber erst am 6. Dezember!

Zwetschgenmus aus dem Erzgebirge

Zutaten:
3000 g Zwetschgen
600 g Gelierzucker
1 EL gemahlener Zimt
1 EL Nelkenpulver

Die Früchte waschen, entsteinen und durch den Fleischwolf drehen. Mit dem Gelierzucker und den Gewürzen verrühren. Das Backrohr auf 175 °C vorheizen. Das Mus in eine saubere, fettfreie Bratpfanne füllen und im Rohr 1½ Stunden eindünsten lassen. Haben Sie sehr saftige Früchte, dauert der Vorgang etwas länger. Heiß in Gläser füllen und verschließen.

Zwetschgen in Essig

Zutaten:
1 l Essig
500 g Zucker
Zimt
Gewürznelken
2000 g Zwetschgen

Reife Zwetschgen mit den Stielen richtet man schön in ein Glas, setzt 1 l Essig mit dem Zucker, Zimt und Nelken aufs Feuer und lässt es einige Minuten kochen. Dann schüttet man den Essig in eine Schüssel und lässt ihn auskühlen. Hierauf gibt man ihn über die Zwetschgen, verschließt sie und stellt sie kalt. Nach 8 Tagen seiht man den Saft ab, kocht ihn nochmals auf, kühlt ihn aus, gießt ihn wieder über die Zwetschgen und verschließt das Glas sorgfältig.

TIPP! Diese Art, Obst haltbar zu machen, war im vorigen Jahrhundert sehr bekannt, denn durch das Wechseln und Abkochen des Essigs wurde eine lange Haltbarkeit erreicht!

Zwetschgenspeise

Zutaten:
500 g Zwetschgen
$^1/_4$ l Wasser
6 EL Zucker
1 Pckg. Puddingpulver mit Kirsch- oder Himbeergeschmack
4 EL kaltes Wasser zum Anrühren

Die gewaschenen, entkernten Zwetschgen in kleine Stücke schneiden und in dem Wasser mit dem Zucker erhitzen. Das Puddingpulver mit dem Wasser anrühren. In die kochenden vom Herd genommenen Zwetschgen das angerührte Puddingpulver einrühren und nochmals ganz kurz aufwallen lassen. In kalt ausgespülte Glasschüsseln füllen und kalt stellen.

TIPP! Vor dem Servieren stürzen und mit Schlagsahne dekorieren!

Zwetschgensuppe

Zutaten:
300 g entkernte Zwetschgen
1/2 l Wasser
1 EL Butter
250 g geriebenes Löffelbiskuit
3/4 l leichter Rotwein
250 g Zucker
Zimt

Die Zwetschgen mit dem Wasser, der Butter und den Löffelbiskuitbröseln weich kochen, pürieren und mit dem Wein, Zucker und etwas Zimt aufkochen. Diese Suppe können Sie warm oder kalt genießen.

Eingelegte Zwetschgen

Rechnen Sie bitte für 1000 g Zwetschgen 500 g Zucker, 1/4 l Essig, 5 Gewürznelken und 2 cm Zimtrinde. Die Zwetschgen werden abgewischt und mit den anderen Zutaten 15 Minuten gekocht, dann mit dem Schaumlöffel herausgenommen. Erkalten lassen und in saubere Gläser einlegen. Mit dem erkalteten Kochsaft übergießen, dass die Früchte bedeckt sind. Mit 2 EL Korn je Glas bedecken und luftdicht verschließen.

Backpflaumen auf englische Art

Zutaten:
450 g entsteinte Backpflaumen
1 l frisch gebrühter, sehr guter englischer Tee (Darjeeling)
450 g Feinkristallzucker
1 unbehandelte Zitrone

Die Backpflaumen in eine Schüssel geben, den Tee darübergießen und einige Stunden ziehen lassen. Die Früchte in einen Topf geben und kochen, bis sie sehr weich sind. Nun rühren Sie langsam den Zucker unter – bitte achten Sie darauf, dass er sich vollständig auflöst. Jetzt geben Sie den Saft und die Schale der Zitrone dazu und kochen so lange, bis alles geliert. In Gläser füllen und gut verschließen.

Walnuss-Zwetschgen-Konfitüre

Zutaten:
1000 g frische Zwetschgen
100 g Rosinen
750 g Gelierzucker
2 ungespritzte Limonen
100 g geschälte Walnüsse
75 ml Rum

Die gewaschenen, getrockneten Zwetschgen halbieren und entsteinen. Die Früchte mit den Rosinen, dem Zucker und den fein gehackten Limonen bei niedriger Hitze ca. 45 Minuten kochen, bis die Mischung geliert. Den Marmeladetopf vom Herd nehmen und die gehackten Walnüsse und den Rum zufügen. Bitte verrühren Sie alles sorgfältig und lassen Sie die Mischung vor dem Abfüllen noch 10 Minuten ruhen.

TIPP! Nehmen Sie diese Marmelade einmal zum Füllen von Kipferln!

2. Kapitel

Beerenobst

Im folgenden Kapitel lade ich Sie ein, mit mir einen Spaziergang durch den Wald zu unternehmen und die Beeren, die uns die Wälder in so reichem Maße bescheren, zu verwerten.
Für Diabetiker geeignet ist mein erstes Rezept.

Himbeerquark

Zutaten:
250 g Magerquark
1 Becher Joghurt
1 EL Zucker
5 EL Himbeeren

Den Quark mit dem Joghurt und dem Zucker schaumig rühren. Die Himbeeren locker darunter mischen und servieren.

TIPP! Eine Portion hat 1 Broteinheit und ca. 280 Kalorien!

Himbeerkonfitüre

Zutaten:
2000 g Himbeeren
1000 g Zucker
Saft von 1 Zitrone
2 cm Zimtrinde

Die Früchte werden mit Zucker wie angegeben und mit der Zimtrinde aufgekocht, bis die Konfitüre sehr dick ist. Dann wird die Zimtrinde entfernt und der Zitronensaft eingerührt. Nochmals kurz aufwallen lassen und sofort in Gläser abfüllen.

TIPP! Sie können so auch Himbeergelee herstellen, wenn Sie das Himbeermark passieren, ehe Sie den Zucker zugeben!

Himbeeraufstrich

Zutaten:
350 g frische Himbeeren
150 g Kochäpfel
150 g Butter
kaltes Wasser
250 g Zucker
2 frische Eier

Die Himbeeren und die Äpfel werden gewaschen, die Äpfel in Stücke geschnitten. Alles so lange kochen, bis die Äpfel zu Mus zerfallen. Pürieren Sie das Mus. Jetzt stellen Sie das Fruchtmus ins heiße Wasserbad und geben die klein geschnittene Butter und den Zucker dazu. Sie müssen so lange rühren, bis sich alles aufgelöst hat. Zuletzt die verquirlten Eier unterrühren. Jetzt die Masse vorsichtig erhitzen, um sie einzudicken. Die Masse darf aber nicht mehr kochen. In kleine warme Gläser füllen und sofort verschließen. Im Kühlschrank hat dieser Aufstrich eine Haltbarkeit von ca. 6 Monaten.

TIPP! Ich habe probiert, diesen Aufstrich einzufrieren; das gelingt wunderbar, aber der Aufstrich verliert an Geschmack! Ein offenes Glas bitte innerhalb einer Woche verbrauchen!

Himbeergelee

Die Himbeeren werden verlesen und in Gläser geschichtet. Mit einem sauberen Küchentuch abdecken und ins kochende Wasserbad stellen. Im Wasserbad lässt man die Himbeeren so lange kochen, bis sie Saft abgeben. Diesen Saft gießt man nach und nach ab, sodass er schön hell bleibt. Zu 1 l Saft nimmt man 750 g Feinkristallzucker und verkocht so lange, bis ein Gelee entsteht. In Gläser füllen und luftdicht verschließen.

Tipp! Dieses Gelee ist einige Jahre haltbar und verliert nichts von seinem feinen Geschmack!

Himbeermarmelade

Reife Himbeeren, die nicht wurmig sind, werden passiert, mit Zucker vermischt und unter beständigem Rühren dick eingekocht. Dann füllt man die fertige Konfitüre noch heiß in ausgespülte Gläser, lässt sie 24 Stunden ruhig stehen und verschließt erst nach dieser Zeit.

Tipp! Rechnen Sie bitte für 2000 g passierte Früchte 1000 g Zucker und 1/2 l Wasser!

Erdbeermarmelade 1

Reife Erdbeeren werden passiert, mit Zucker vermengt und unter beständigem Rühren dick eingekocht. Dann füllt man die Marmelade in kleine Gläser und verschließt sie luftdicht.

Tipp! Man rechnet auf 1000 g Erdbeeren 500 g Zucker und 1/4 l Wasser!

Erdbeerkonfitüre

Zutaten:
3000 g reife Erdbeeren
3000 g Gelierzucker
Saft von 2 Zitronen
Saft von 1 Orange

Die gesäuberten Früchte mit dem Zitronen- und Orangensaft bei wenig Hitze kochen, bis sie Saft lassen. Achten Sie darauf, dass die Erdbeeren ganz bleiben, da der Geschmack der ganzen Früchte erst die richtige Konfitüre ausmacht. Den Zucker vorsichtig unter die Beeren rühren, bis er sich vollständig aufgelöst hat. Nun alles bei schwacher Hitze langsam köcheln und den Schaum abschöpfen. Vergessen Sie nicht, gelegentlich umzurühren, damit die Konfitüre nicht anbrennt. Wenn die Masse geliert, in vorbereitete Gläser mit Twist-off-Verschluss füllen und auf dem Deckel stehend 24 Stunden ruhen lassen.

Erdbeersuppe

Einen gehäuften Teller Erdbeeren lässt man mit $^1/_2$ l Wein (weiß oder rot, je nach Geschmack) so lange dünsten, bis die Erdbeeren zerfallen. Nun passiert man durch ein Sieb, gießt $^1/_2$ l Wein und 1 l Wasser darauf, gibt Zucker nach Geschmack und Zimt dazu, rührt gut um und gibt die fertige Suppe mit gerösteten Löffelbiskuits zu Tisch.

Nun ein Rezept aus Frankreich.

Pulpe de Fraises

2000 g passierte Erdbeeren werden mit 1000 g Puderzucker 3 Stunden lang gerührt, in Gläser gefüllt, mit einer Schicht Puderzucker bedeckt, verkorkt und mit Pech (oder Wachs) versiegelt. Im Sand liegend aufbewahren.

TIPP! Diese Art der Erdbeermarmelade-Zubereitung ist in etwa 200 Jahre alt und soll Ihnen zeigen, seit wann man sich schon bemüht, Marmelade zuzubereiten!

Heute bereite ich meine Marmelade so zu:

Erdbeermarmelade 2

Zutaten:
1000 g Erdbeeren
1000 g Gelierzucker

Die ganzen Erdbeeren mit dem Zucker in einen sauberen Mixaufsatz der Küchenmaschine geben und die Maschine etwa 10 Minuten laufen lassen. Das fertige Mus in Gläser füllen und verschließen.

Erdbeerchaudeau

Für 4 Portionen:

Der steife Schnee von 2 Eiklar wird mit 30 g feinem Zucker nochmals sehr steif geschlagen. Dann rührt man 2 Eidotter mit 120 g Zucker und 1 Spritzer Weißwein sehr schaumig, würzt mit dem Saft 1/4 Zitrone. Geben Sie noch 1 EL Weinbrand und grob gehackte Erdbeeren dazu. Nun wird auch der steife Schnee eingemischt und das fertige Chaudeau in Portionsschalen angerichtet.

Tipp! Geben Sie zu diesem Chaudeau doch 2 bis 3 Löffelbiskuit, die Sie in Butter gebraten haben!

Erdbeeren im Dampf

Die Erdbeeren werden verlesen und mit kaltem Wasser abgespült. Mit grobem Kristallzucker abwechselnd in Flaschen oder Gläser füllen. Diese werden verschlossen nebeneinander in einen Topf gestellt. Legen Sie wieder etwas Gras oder Heu auf den Topfboden, damit die Gläser nicht direkten Kontakt zum heißen Boden haben, und fügen Sie so viel Wasser zu, dass die Gläser zu zwei Drittel bedeckt sind. Die Gläser werden jetzt 15 Minuten gekocht, dann im Topf erkalten lassen.

Eine wunderbare Art, Früchte zu konservieren, ist diese:

Erdbeeren in Wein

Bitte füllen Sie eine Flasche mit großer Öffnung zur Hälfte mit verlesenen Erdbeeren.

Man streut 5 EL Zucker darüber und füllt die Flasche mit gutem Rotwein auf. Wenn die Beeren absinken, ist der Wein gerade richtig zum Trinken. Bis dahin an einem dunklen Ort aufbewahren.

TIPP! Ich verwende für meine Beerenweine immer Flaschen von „Granini" oder ähnlichen Erzeugnissen, da diese eine große Öffnung haben!

Wenn Sie sich das natürliche, feine Aroma frischer Erdbeeren bewahren möchten, ist das folgende Rezept für Sie genau das Richtige.

Kalte Erdbeermarmelade

Zutaten:
1000 g frische Erdbeeren
1000 g Kristallzucker
1 Pckg. Einmachhilfe

Die sauberen, möglichst nicht gewaschenen Erdbeeren entstielen und mit dem Zucker in einer Glasschüssel zerdrücken. Diese Mischung mit dem Handmixer so lange rühren, bis sich der Zucker vollständig aufgelöst hat. Das entstandene Erdbeermus mit der Einmachhilfe verbinden und in vorbereitete Gläser füllen, verschließen und kühl aufbewahren.

TIPP! Dieses Rezept stammt aus dem Viktorianischen England und hat eine Haltbarkeit von ca. 1 Jahr! Ein einmal geöffnetes Glas sollten Sie jedoch binnen 2 Tagen verbrauchen und im Kühlschrank aufbewahren!

Feiern Sie vielleicht demnächst eine Kinderparty und möchten die unnötige Marmeladenkleckerei bei der Brotzeit vermeiden? Dann bereiten Sie doch einfach ein Kompott für die Kleinen.

Erdbeerkompott

Zutaten:
2000 g Erdbeeren
500 g Zucker
1 l Wasser

Den Zucker in 1 l kochendem Wasser auflösen. Die geputzten Erdbeeren hineingeben, nur 1 Minute aufkochen lassen. Sofort vom Herd nehmen und in vorbereitete Gläser füllen, verschließen und vor dem Wegräumen erkalten lassen.

TIPP! Dieses Erdbeerkompott lässt sich im Winter wunderbar zu einer Bowle verarbeiten, wenn Sie das Kompott mit Erdbeerschaumwein verfeinern!

Brombeerjam

Suchen Sie bitte schöne große, völlig schwarze, jedoch nicht wurmige Brombeeren aus. Für 2500 g Früchte benötigen Sie 1500 g Zucker. Läutern Sie den Zucker und kochen Sie die Brombeeren mit dem Zucker langsam auf. Schöpfen Sie den Schaum ab, aber rühren Sie nicht um. Wenn die Beeren absinken und kein Schaum mehr aufsteigt, rühren Sie bitte ein Päckchen aufgelöste Einmachhilfe ein und füllen noch heiß in ausgespülte Gläser mit Twist-off-Deckel. Auf dem Deckel stehend auskühlen lassen.

Da ja die Zubereitung von Marmeladen und Gelees über England verbreitet wurde, nun noch ein Rezept von Mrs. Beeton, einer Köchin am englischen Hof.

Brombeerkonfitüre

Die gewaschenen Brombeeren werden im Verhältnis 1000 g Frucht und 500 g Zucker zum Herd gegeben und zu einer dicken Konfitüre eingekocht. Noch heiß in heiß ausgespülte Gläser füllen und mit Obstler dünn überziehen. Die Gläser verschließen und erkalten lassen.

TIPP! Brombeeren sind eine Köstlichkeit, aber sie haben den Nachteil, dass sie nicht lange haltbar sind! Wenn Sie einmal ein Glas geöffnet haben, sollten Sie es während einer Woche verbrauchen. Ein offenes Glas bitte im Kühlschrank aufbewahren!

Brombeeren in Essig

Auserlesene große Brombeeren werden mit Weinessig so übergossen, dass der Essig 2 Finger breit darüber steht. Über Nacht stehen lassen. Am nächsten Morgen abseihen, nach Geschmack reichlich mit Zucker süßen und mit Zimtrinde sowie einigen Gewürznelken aufkochen. Noch heiß über die Beeren gießen und dasselbe am nächsten Tag wiederholen. Kleine Gläser vorrichten, die Brombeeren einlegen und mit dem stark reduzierten Essigsaft übergießen. Sofort verschließen und am Platz erkalten lassen.

TIPP! Diese Essigbrombeeren passen sehr gut als Beilage zu Bröselnudeln (Nudeln mit Paniermehl) oder Quarkauflauf!

Beeren, die man im Wald findet, muss man einfach mit nach Hause nehmen, ehe sie abfaulen. So habe ich manches Mal ungleiche Mengen von Beeren zu Hause. Aus allen nicht verwendeten Beeren bereite ich dann mein im ganzen Ort bekanntes:

Beerenmixeis

Alle nicht verbrauchten Beeren (ca. 300 g) kommen in den Aufsatz der Küchenmaschine und werden mit 1/4 l Schlagsahne und 200 g Zucker so lange aufgeschlagen, bis die Masse ganz steif ist. Sind die Beeren einmal zu saftig, füge ich noch 1 Pckg. Sahnesteif dazu. Die fertige Masse fülle ich dann in einen Plastikbehälter, den ich anschließend einfriere. Bei Bedarf kann ich dann mit dem Eisportionierer kleine Kugeln ausstechen und der Rest kann nicht verderben.

Heidelbeerkompott 1

Die Heidelbeeren werden ausgeklaubt, gewaschen und mit Kristallzucker fest eingestreut. So bleiben die Beeren über Nacht liegen. Am nächsten Morgen dann 45 Minuten unter fleißigem Rühren gut verkochen, noch heiß einfüllen und sofort verschließen.

TIPP! Rechnen Sie auf 1000 g Heidelbeeren ca. 400 g Zucker! Wenn Ihnen der Heidelbeergeschmack zu streng ist, kochen Sie einfach ein Stück Zimtrinde mit!

Heidelbeerkompott 2

Zutaten:
500 g Heidelbeeren
200 g Zucker
Saft 1 Zitrone
6 cl Rotwein

Die Heidelbeeren sauber putzen, waschen und mit den übrigen Zutaten in wenig Wasser weich kochen. Im eigenen Saft erkalten lassen.

TIPP! Dieses Kompott kann man nicht konservieren, trotzdem schmeckt es sehr gut zu diversen Aufläufen und Grießgerichten!

Heidelbeereis

Zutaten:
200 g Heidelbeeren
200 g Kristallzucker
$^1/_4$ l Schlagsahne
1 Spritzer Zitronensaft
Schlagsahne zum Garnieren

Die verlesenen Heidelbeeren werden gut gewaschen, in einen Topf gefüllt, mit Wasser bedeckt und kurz überbrüht. Im eigenen Saft erkalten lassen. Die Beeren müssen so weich sein, dass man sie durch ein Haarsieb passieren kann. Das so entstandene Heidelbeermark wird mit Zucker nochmals aufgekocht und gerührt, bis der Zucker zergangen ist. Zur Seite stellen und abkühlen lassen, zum völligen Erkalten aber in den Kühlschrank stellen. In das sehr gut gekühlte Heidelbeermark wird die ebenfalls kalte, steif geschlagene Sahne eingerührt. Füllen Sie diese Mischung in eine Kastenform und lassen Sie es 1 Tag lang in der Gefriertruhe oder im Gefrierfach Ihres Kühlschranks stehen, ehe Sie es mit Schlagsahne garniert servieren.

TIPP! Besonders gut schmeckt dieses Eis mit kalter Vanillesauce!

Nun eine Speise, die meine Enkelkinder sehr lieben und daher freiwillig beim Beerensammeln mithelfen.

Heidelbeernocken

Zutaten:
500 g Heidelbeeren
150 g griffiges Mehl
50 g Puderzucker
$^{1}/_{4}$ l Milch
3 Eidotter
3 Eiklar
1 Prise Salz
Fett zum Ausbacken

Die Eigelbe mit dem Zucker schaumig rühren. Abwechselnd Mehl, Milch und Salz zufügen. Wenn alles eingerührt ist, sollte der Teig sehr dick sein. Zur Seite stellen und die Eiklar zu festem Schnee schlagen. Den Schnee mit den gereinigten Heidelbeeren vorsichtig unter den Teig heben. In einer Pfanne das Fett erhitzen, den Teig nockenförmig mit einem großen Löffel ausstechen und im heißen Fett goldgelb ausbacken.

TIPP! Die fertigen Nocken mit Zucker bestreuen und noch heiß servieren!

Ich hoffe, ich habe Ihnen alle Beerenrezepte aus Waldbeeren aufgeschrieben, die Sie leicht nachkochen können. Ich weiß, der Geschmack der selbst bereiteten Gelees, Marmeladen usw. wird Sie für den Arbeitsaufwand entschädigen. Zum Schluss jetzt noch Rezepte mit Johannisbeeren, die Sie in Ihrem eigenen Garten ernten können.

Schwarze-Johannisbeerkonfitüre

1500 g Johannisbeeren sorgfältig waschen, Stängel und Blätter zuvor entfernen, in einem Topf mit Wasser bedecken. Brausend aufkochen und dann für 30 Minuten auf kleiner Flamme langsam weich kochen. Ist dies geschehen, den Topf vom Herd nehmen, 1500 g Zucker zugeben und unter ständigem Rühren auflösen. Nochmals aufkochen, bis die Konfitüre geliert. Danach sofort in heiß ausgespülte Twist-off-Gläser füllen und auf dem Drehverschluss stehend abkühlen lassen (mindestens 12 Stunden).

Tipp! Diese Menge ergibt etwa 3000 g Konfitüre!
Sammeln Sie während der kalten Jahreszeit doch einfach Gurken- oder Salatgläser, wo Sie den Inhalt nicht selbst zubereitet haben. So haben Sie gleich Gläser in der richtigen Größe zur Hand.

Ich habe viele weiße Johannisbeeren im Garten und dazu habe ich ein eigenes Marmelade-Rezept erfunden. Wenn Sie dieses Rezept ausprobieren, werden Sie auch, so wie ich, die „Superomi" werden.

Weiße Johannisbeerkonfitüre

Zutaten:
2000 g weiße Johannisbeeren
2000 g Gelierzucker
Saft 1 Zitrone
ca. 1 1/2 cm Zimtrinde

Die Beeren waschen, Stängel und Blätter entfernen. Die Früchte zusammen mit dem Gelierzucker und der Zimtrinde in einen Topf geben, aufkochen lassen und dann weitere 5 bis 10 Minuten brausend kochen, dabei aber immer umrühren, damit nichts anbrennt. Kurz bevor die Marmelade geliert, die Zimtrinde entfernen und den Zitronensaft unterrühren. Sofort in heiß ausgespülte Gläser füllen und luftdicht verschließen.
Diese Menge ergibt etwa 2500 g Konfitüre!

Im Viktorianischen England wurde das Einkochen von Marmelade zur Kunst erhoben und jede Familie, die es sich leisten konnte, war bemüht, mit gefüllten Marmelade-Regalen und den damit verbundenen Geheimrezepten vor jedem Gast zu prunken.

Rotes Johannisbeergelee

Zutaten:
1500 g frische rote Johannisbeeren
1500 g feiner Kristallzucker

Die küchenfertigen Beeren mit dem Zucker in einem Topf sorgfältig vermischen. Die Mischung bei großer Hitze 8 Minuten kochen lassen, dabei aber ständig umrühren und den sich bildenden Schaum abschöpfen. Schütten Sie dann alles durch ein Haarsieb und füllen Sie das Gelee noch heiß in vorbereitete Gläser.

Tipp! Aus den im Sieb verbliebenen Johannisbeeren können Sie dann eine rasche Kindergrütze bereiten!

Kindergrütze

Wenn Sie die Johannisbeeren nicht zu stark ausgekocht haben, geben Sie eine Tasse Himbeeren dazu und kochen beides mit etwas Zucker nochmals auf. Diese Speise ist nicht als Vorrat gedacht, sondern wird Kindern oder anderen Naschkatzen sofort serviert.

Tipp! Diese rote Grütze eignet sich sehr gut zu Vanillepudding oder Quarknocken!

Für einige Rezepte benötigen Sie Zuckersirup, darum hier nun die Zubereitung von diesem.

Zuckersirup

Lösen Sie bitte 700 g Zucker in 1/2 l Wasser auf. Diese Menge ergibt 1 l Sirup mit 30° Zuckergehalt und eignet sich zur Zubereitung von allen Sorbets und ähnlichen Speisen.

Schwarzes Johannisbeersorbet

Zutaten:
400 g schwarze Johannisbeeren
2 EL Zitronensaft

Die gesäuberten Früchte pürieren und das Püree durch ein Sieb streichen. Nun den Orangen- und Zitronensaft zugeben, ebenso den Zuckersirup und den Likör. Gut verrühren

2 EL Orangensaft
3 cl Zuckersirup
2 cl schwarzer Johannisbeerlikör (Cassis)
1 Eiklar

und auf Eis 30 Minuten rühren. (In einer Eismaschine stellen Sie den Timer auf 30 Minuten ein, ehe Sie diese ins Gefrierfach geben.) Nach dieser Zeit das steif geschlagene Eiweiß unterziehen und nochmals 30 Minuten rühren. In vier Sorbetschalen anrichten und kalt stellen.

TIPP! Ist die Sorbetmasse einmal zu dick geworden, übergießen Sie beim Servieren doch noch einmal mit ein wenig Johannisbeerlikör für die großen Naschkatzen oder mit Johannisbeersaft für die Kleinen!

Dieses alte Rezept stammt aus dem Stift Vorau und kommt ohne Haltbarkeitsmittel aus, so wie alle meine Rezepte. Durch die Zugabe von Einmachhilfe können Sie jedoch die Haltbarkeit verlängern. Da ich dieses Gelee jedoch auch als Untergrund bei Tortenglasur verwende, wird es mir jedes Jahr zu wenig.

Kaltes Johannisbeergelee

Nur allerfeinste Johannisbeeren gut auspressen und für 1 l so gemachten Saft 750 g nicht zu grob gemahlenen Zucker verwenden. Nun so lange rühren, bis es geliert. In kleine Krüge füllen, mit Pergamentpapier vom Feinsten abdecken und zubinden.

Johannisbeermarmelade

Zutaten:
1000 g passierte Johannisbeeren
500 g Zucker
1/4 l Wasser

Die Johannisbeeren werden mit einer Gabel abgerebelt und passiert. Mit dem aufgelösten Zucker unter beständigem Rühren kochen, bis die Marmelade fertig ist. Dann wird sie noch warm in Gläser gefüllt und offen stehen gelassen. Nach 24 Stunden mittels Drehverschluss luftdicht verschließen und in Regale stellen.

Eine sehr feine Nachspeise, nicht nur für Kinder, sind meine:

Überzogene Johannisbeeren

Dazu nehme ich die schönsten Johannisbeerdolden. Ich gebe sie in eine Schüssel und überziehe sie mit dick eingekochtem Zucker. So lange hin und her schütteln, bis alle Johannisbeeren überzogen sind. Nun wird jede einzelne Traube in Puderzucker gewendet, bis alle mit Zucker gepudert sind. Dann auf ein Sieb legen und langsam trocknen.

TIPP! Servieren Sie doch diese getrockneten Johannisbeeren guten Freunden zu einem Glas Dessertwein!

Johannisbeeren als Schüttelfrüchte

500 g küchenfertige Johannisbeeren und 400 g Feinkristallzucker werden in eine Pfanne gegeben und diese kräftig geschüttelt. Auch nach dem Aufkochen noch ca. 7 Minuten schütteln und in gesäuberte Gläser füllen. Mit 5 mm Obstbrand bedecken und luftdicht verschließen.

Überraschen Sie doch Ihre Familie mitten im Winter mit frischen Johannisbeeren. Wie das geht, möchte ich Ihnen im folgenden Rezept zeigen.

Johannisbeeren in Flaschen

Die abgestreiften Johannisbeeren werden durch vorsichtiges Rollen auf einem Leinentuch gesäubert, sofort in Flaschen gefüllt, geschüttelt, um sie gleichmäßig zu verteilen, und sofort verschlossen. Im Wasserbad 10 Minuten im Dampf kochen lassen. So gefertigt, halten die Früchte ca. 1 Jahr lang.

TIPP! Nehmen Sie bitte eher kleine Gläser, da ein einmal geöffnetes Glas sofort verbraucht werden muss!

Preiselbeerkompott

1000 g Preiselbeeren werden von Blättern, Stängeln und vertrockneten oder schlechten Beeren gesäubert. In einem Marmeladetopf mit 500 g Zucker und 250 ml Wasser 20 Minuten gut kochen lassen. Dabei immer fleißig umrühren. Heiß in kleinere Twist-off-Gläser füllen und sofort verschließen. Auf dem Deckel stehend mindestens 12 Stunden erkalten lassen, ehe Sie sie wegräumen.

TIPP! Richten Sie Rind- oder Wildbraten mit Klößen, mit einer Orangenscheibe und einem Esslöffel Preiselbeerkompott an!

Beerengelee

Zutaten:
1000 g schwarze Johannisbeeren
500 g Stachelbeeren
250 g rote Johannisbeeren
Kristallzucker

Die Früchte zusammen mit 250 ml Wasser im Marmelade-Kochtopf aufkochen, bis sie zerplatzen und Saft lassen. Durch ein feines Sieb pressen und den so gewonnenen Saft abwiegen. Mit der gleichen Menge Zucker mischen und unter ständigem Rühren so lange kochen lassen, bis der Zucker vollständig zergangen ist. Das fertige Gelee in Twist-off-Gläser füllen und nach dem Erkalten verschließen.

Dreifruchtmarmelade

Zutaten:
2500 g schwarze Kirschen
1500 g rote Johannisbeeren
1000 g Himbeeren
2000 g Zucker

Kirschen entsteinen, mit einem Teil des Zuckers zum Kochen bringen. Nach 30 Minuten die Himbeeren und nach weiteren 10 Minuten die Johannisbeeren dazugeben. Restlichen Zucker beigeben und alles 10 Minuten kochen lassen. Vom Herd nehmen und noch 10 Minuten weiterrühren. In Gläser füllen und erkaltet luftdicht verschließen.

Brombeerpickle

Zutaten:
1 EL Pimentkörner
2 Gewürznelken
1 cm Zimtstange
1 kleines Stück Ingwerwurzel gequetscht
200 ml Branntweinessig
1000 g Brombeeren
200 g brauner Zucker

Piment, Nelken, Zimt und Ingwer mit dem Essig in einen Topf geben und 10 Minuten köcheln lassen. Den Essig abseihen und die Brombeeren sofort in den heißen Essig einlegen. Abgedeckt 12 Stunden beiseite stellen. Die Brombeeren nach dieser Zeit in ein Sieb geben, den Saft auffangen, in einem Topf mit dem Zucker zum Kochen bringen, umrühren und wenn der Zucker zergangen ist, die Brombeeren zugeben und 10 Minuten kochen lassen, bis die Brombeeren weich sind, aber nicht zerfallen. Mit einem Schaumlöffel die Brombeeren aus der Marinade holen und in vorgewärmten Gläsern verteilen. Den Saft sirupartig einkochen lassen und auf die Brombeeren schütten. Die Gläser noch heiß verschließen und auf dem Deckel stehend erkalten lassen.

TIPP! Diese Menge ergibt ca. 1 Kilogramm Pickles und passt hervorragend zu kaltem Fleisch oder zu magerer Wurst! Seinen vollen Geschmack entfaltet dieses Pickle erst nach 2 Wochen, ungeöffnet beträgt die Haltbarkeit mindestens ein Jahr!

3. Kapitel

Kernobst

Äpfel sind sehr vielseitig verwendbar und in verschiedenen Geschmacksrichtungen zu kaufen. In diesem Kapitel möchte ich Ihnen die verschiedenen Arten der Konservierung vorstellen, aber auch einige Rezepte zur Bereitung von Eis oder Fruchtshakes.

Apfelbrei

Zutaten:
500 g Äpfel
2 dl Wasser oder Weißwein (je nach Geschmack)
50 g Mehl
3 dl Milch
30 g Butter
1 EL Semmelbrösel

Die Äpfel werden weich gekocht, durch ein Sieb gestrichen, wieder auf den Herd gestellt und Mehl und Milch eingerührt. Der Brei wird unter Rühren 30 Minuten gekocht, angerichtet und mit den in Butter gerösteten Bröseln bestreut.

TIPP! Dieser Brei ist die ideale Krankenkost, kann aber auch zu einer Diät verwendet werden!

Apfelgrütze

Zutaten:
500 g Äpfel
3/8 l Wasser
5 EL Zucker
1 Pckg. Grütze mit Himbeergeschmack
1/8 l Weißwein zum Anrühren

Die geschälten und vom Kerngehäuse befreiten Äpfel in Stücke schneiden und in dem gezuckerten Wasser fast weich kochen. Die Stücke mit einem Schaumlöffel herausnehmen. Den mit Wein angerührten Inhalt des Rote-Grütze-Päckchens in das kochende Zuckerwasser rühren, einmal kurz aufkochen lassen und die Apfelstücke darunter rühren. Die fertige Grütze in kalt ausgespülte Schalen oder Kaffeetassen geben und kalt stellen. Nach dem

Erkalten die Apfelgrütze aus den Tassen stürzen und servieren.

TIPP! Garnieren Sie diese Grütze mit Schlagsahne oder reichen Sie Vanillesauce dazu!

Portugiesisches Apfelkompott

Das Kerngehäuse ausstechen, die Äpfel im Ganzen kochen, mit Johannisbeergelee füllen und mit Apfelsirup übergießen.

TIPP! Dieses Kompott können Sie in Gläsern einlegen und so konservieren! Die Haltbarkeit ist aber mit ca. 4 Monaten sehr begrenzt!

Apfelcreme

Die Äpfel wie üblich dünsten. In der Zwischenzeit aus $^1/_8$ l Orangensaft, 3 Eigelb, 1 EL Kartoffelstärkemehl (Maizena oder Mondamin), Zucker nach Geschmack und 1 Pckg. Vanillezucker im Wasserbad eine Creme rühren. Die erkaltete Creme über die gedünsteten Äpfel gießen.

TIPP! Verteilen Sie erst die Äpfel in Portionsschalen, ehe Sie die Creme darüber geben, und garnieren Sie mit geschlagener Sahne!

Apfelpüree

Sehr weiche Bratäpfel werden passiert, mit Honig nach Geschmack, der fein gehackten Schale einer unbehandelten Zitrone, Rosinen und grob gehackten Nüssen vermischt. In Gefrierdosen füllen und in der Kühltruhe lagern.

TIPP! Versuchen Sie diese Mischung auch einmal mit Haferflocken vermischt als Müsli, es wird Ihnen bestimmt sehr gut schmecken!

Kennen Sie das, wenn Kinder ein Butterbrot mit Marmelade verlangen und die Marmelade dann irgendwo am Boden landet? Hier ein praktisches Rezept, damit dies nicht passiert.

Apfelbutter

Zutaten:
1800 g Kochäpfel
1400 g Gelierzucker
275 ml süßer Apfelwein oder Apfelsaft
1 TL gemahlener Zimt
125 g Butter

Die Äpfel werden gewaschen und halbiert. Äpfel und Apfelwein in einen Topf geben und so lange kochen, bis die Äpfel zu Mus zerfallen. Alles durch ein Sieb passieren. Das Fruchtpüree wieder in den sauberen Topf geben und nur mehr köcheln lassen. Dabei Zucker und Zimt zufügen. Die Butter zergehen lassen und mit dem dick eingekochten Brei vermengen. In kleine Twist-off-Gläser füllen, sofort verschließen und auf dem Deckel stehend erkalten lassen.

TIPP! Wenn sich am Kochlöffel ein Belag bildet, ist die Apfelbutter fertig!

Erdbeerchaudeau

(siehe auch Rezept auf Seite 44)

Brombeeren in Essig
(siehe auch Rezept auf Seite 48)

Kindergrütze

(siehe auch Rezept auf Seite 54)

Apfelmus
(siehe auch Rezept auf Seite 67)

Weintraubengelee
(siehe auch Rezept auf Seite 70)

Birnen im Mantel
(siehe auch Rezept auf Seite 73)

Zitroneneis

(siehe auch Rezept auf Seite 85)

Bananensuppe

(siehe auch Rezept auf Seite 86)

Apfelgelee

Zutaten:
2000 g Äpfel
2 l kaltes Wasser
Gelierzucker

Bitte waschen, schälen und entfernen Sie das Kerngehäuse der Äpfel und kochen Sie diese so lange, bis sie weich sind. Schütten Sie dann alles in ein Leinentuch und lassen Sie den Saft ablaufen. Messen Sie den abgelaufenen Saft und nehmen Sie auf 600 ml Saft 450 g Zucker. Kochen Sie diese Mischung für 30 Minuten. Dabei immer den Schaum abschöpfen. Wenn das Gelee fest wird, in vorgewärmte Gläser füllen und luftdicht verschließen.

Was wäre ein gutes Stück Beinfleisch ohne Apfelkren? Darum möchte ich auch dieses Rezept in meine Sammlung aufnehmen, obwohl es nicht konserviert werden kann.

Apfelkren

Für 4 Personen:

3 mittelgroße Äpfel werden in einer Pfanne im Rohr weich gebraten. Die gebratenen Äpfel durch ein feines Sieb passieren. Den Apfelbrei mit 2 bis 3 gehäuften EL frisch geriebenem Kren (Meerrettich), 1 EL Zucker, Salz und einigen Tropfen Apfelessig zu einer breiigen pikanten Sauce vermengen. Vor dem Servieren noch etwas kalt ruhen lassen.

Apfelsalat

Bereiten Sie eine Marinade aus 1 EL Honig, 1 EL Rum, Saft von 1 Zitrone und einem Spritzer Weißwein.
4 Stück mürbe Äpfel werden geschält, halbiert und vom Kerngehäuse befreit. Auf einem Gurkenhobel in feine Blätter schneiden, in die Honigmarinade legen und kalt stellen.

TIPP! Wenn Sie diesen Salat noch verfeinern wollen, dann schlagen Sie von 2 Eiklar Schnee und umkränzen den Salat damit. Oder nehmen Sie ganz einfach Schokostreusel und streuen Sie ein wenig davon über den fertigen Salat, ehe Sie servieren!

Apfelpaste

Zutaten:
5000 g Äpfel
3/4 l Wasser
1000 g Zucker
1/2 TL Macis (Muskatblüte)
etwas Öl
Hagelzucker

Die Äpfel vierteln, mit Wasser aufsetzen und weich kochen. Durch ein feines Sieb streichen, sodass Schalen und Kerne zurückbleiben. Das Mus mit dem Zucker mischen, mit der Muskatblüte würzen und bei schwacher Hitze unter ständigem Rühren kochen, bis es fast zu steif zum Rühren ist.
Ein Backblech einölen, das Mus mit einem nassen Messer 2 cm dick auftragen und mit einem nassen Messer glatt streichen. Erstarren lassen, dann in schmale Streifen schneiden und in Hagelzucker wälzen. Auf einem Kuchenrost einige Tage trocknen lassen. In Lagen getrennt

durch Frischhaltefolie luftdicht verschlossen aufbewahren.

TIPP! Die Haltbarkeit dieser Köstlichkeit beträgt ca. 4 Monate, wenn Sie aber eine Frischhaltedose damit befüllen und in die Kühltruhe stellen, ist die Haltbarkeit fast unbegrenzt!

Speziell bei Äpfeln gibt es viel Fallobst. Machen Sie auch daraus etwas Gutes.

Apfelmus

Zutaten:
3000 g Äpfel (Fallobst)
300 g Zucker
1 Stange Zimtrinde
10 Gewürznelken
Schale einer unbehandelten Zitrone

Die Äpfel vierteln und das Gehäuse entfernen. In wenig Wasser mit dem Zucker und den Gewürzen weich kochen und passieren. In kleine, saubere Gläser sofort abfüllen.

TIPP! Soll Ihr Apfelmus weiß bleiben, müssen die Äpfel vorher geschält werden!

Apfelkompott im Glas

Zutaten:
3000 g Äpfel
200 g Zucker
1 Stück Zimtrinde
4 Gewürznelken
Saft und Schale von 2 unbehandelten Zitronen

Die Äpfel schälen, vierteln und das Gehäuse entfernen. Den Zucker mit den Gewürzen in ca. $^{3}/_{4}$ l Wasser aufkochen, die Äpfel hineingeben und kernig weich dünsten, herausheben, in Gläser schlichten, den abgekühlten Saft darüber geben, sodass alle Äpfel bedeckt sind, und verschließen.

TIPP! Wenn Sie vor dem Verschließen 1 EL Rum, Weinbrand oder Korn über das Kompott geben, ist die Haltbarkeit fast unbegrenzt!

Apfelschaum

Zutaten:
6 Äpfel
250 g Zucker
3 EL Gelatine
Saft von 4 unbehandelten Zitronen
1 EL Rum
1 Zitronenschale

Die Äpfel schälen, entkernen, mit wenig Wasser und der Zitronenschale weich dünsten und passieren. Die Gelatine in wenig Wasser auflösen. Die passierten Äpfel mit dem Zucker, dem Zitronensaft und der aufgelösten Gelatine mischen und so lange aufschlagen, bis die Masse weiß ist. Den Rum dazugeben und in Portionsschüsseln füllen. Im Kühlschrank erstarren lassen.

Der Apfel ist eine Obstsorte, die sich gut mit anderem Obst mischen lässt. So können Sie mit Äpfeln alle Obstreste zu Marmelade verarbeiten. Auch Beeren können Sie mit Äpfeln zu einer Konfitüre verkochen, jedoch beachten Sie, dass Beeren nur die halbe Zeit benötigen, um weich zu werden, und Saft abgeben, der eventuell mehr Geliermittel erfordert.
Weintrauben sind das nächste Kernobst, welches ich in Rezepte verwandeln werde. Ich habe da einige sehr alte Rezepte zusammengetragen, die ich an Sie weitergeben möchte. Zu diesen Rezepten möchte ich aber eine Bemerkung machen: Der Zucker, der damals verwendet wurde, hatte nicht die Qualität, den unser heutiger Zucker hat. Ich habe diese Rezepte den heutigen Gegebenheiten angepasst, doch bitte bedenken Sie, süß ist nicht gleich süß, was mir gerade richtig erscheint, kann für Sie zu süß oder zu wenig süß sein, bitte verkosten Sie deshalb immer, damit Sie wissen, ob der Zuckergehalt Ihrem Geschmack entspricht!

Weintraubengelee

1500 g Weintrauben waschen, abtropfen lassen und abzupfen. Nun die Weintrauben halbieren und entkernen. Die Traubenhälften auf ein Sieb geben und den Saft in ein Gefäß pressen. Mit einem Entsafter geht es noch rascher. Saft, wenn nötig, auf 1 l mit Wasser auffüllen. 1000 g Gelierzucker mit dem Saft in einen Topf geben, 4 bis 5 Minuten kochen und kräftig umrühren. Einmal abschäumen. Noch heiß in vorbereitete Gläser füllen und verschließen.

Weintraubensalat

Zutaten:
500 g Weintrauben
2 Äpfel
1 Banane
1 Pckg. Vanillezucker
2 bis 3 EL Zucker

Die Weintrauben waschen und abzupfen. Die Äpfel schälen, vierteln, das Kerngehäuse entfernen und dünn schneiden. Alles gut vermischen. Mit Vanillezucker und Zucker süßen und gut durchziehen lassen.

Tipp! Dieser Salat passt auch sehr gut zu Tuttifrutti-Eis als Beilage!

Weintraubengelee 1

Rote Weintrauben in der Menge, dass 1 l Traubensaft abgepresst werden kann. Da es unterschiedlich große Weintrauben zu kaufen gibt, kann ich die exakte Mengenangabe nicht machen, aber bei saftigen großen Weintrauben rechnet man damit, von 1500 g Früchten 1 l Saft zu erhalten. Mischen Sie den Saft mit 750 g Zucker, nun aufkochen lassen und dann 1 Pckg. Gelierhilfe einrühren. In Müslischalen füllen, die Sie vorher gut ausgespült haben. Im Kühlschrank fest werden lassen, stürzen und mit Schlagsahne und einer ganzen Weintraube pro Portion servieren.

Nun möchte ich Ihnen die einfache Art, Weintraubengelee, wie ich es zubereite, vorstellen.

Weintraubengelee 2

Nehmen Sie Ihren Schnellkochtopf und geben Sie die sauberen Weintrauben in den Topf. Rechnen Sie pro 1000 g Früchte $^1/_4$ l Wasser und verschließen Sie den Kochtopf. Nach dem Zischen oder Pfeifen, je nachdem welches Geräusch Ihr Schnellkochtopf macht, die Hitze reduzieren und 15 Minuten darin kochen lassen. In der Zwischenzeit ausgesucht schöne Trauben halbieren und die Kerne entfernen. Nach dem Öffnen des Kochtopfs den entstandenen Saft durch ein Leinentuch laufen lassen und die Weintrauben mit durchpressen. Die Saftmenge mit gleich viel Gelierzucker aufkochen und die vorbereiteten halben Weintrauben einlegen. Nur einmal aufwallen lassen und sofort herausnehmen. In vorbereitete Gläser aufteilen und den dick eingekochten Saft darüber geben. Erkalten lassen und dann erst verschließen.

TIPP! Wenn Sie Ihre Weintrauben dekorativ im Glas verteilt haben möchten, müssen Sie erst das Gelee einfüllen und ehe es zu stark stockt die Weintrauben einstreuen! So können die Früchte nicht zu Boden sinken und bleiben dort, wo sie eingelegt werden!

Marmelade aus Isabellatrauben

Die dunkelblauen, kernlosen Isabellatrauben werden roh passiert und der entstandene Saft wird mit 500 g Zucker zu 1 l Saft vermischt. Unter fleißigem Umrühren aufkochen, den entstandenen Schaum abschöpfen und köcheln, bis die Marmelade eingedickt ist. Dann alles in Gläser füllen, die heiß ausgespült sein sollen, und vor dem Verschließen gut auskühlen lassen.

Und nun ein so genanntes Herren- oder Jägerrezept, mit dem ich die Weintraubenrezepte beenden möchte.

Weingelee

Bereiten Sie aus 750 g großen roten Weintrauben 600 ml Traubensaft auf die schon beschriebene Art und köcheln Sie diesen Saft mit einer Zimtstange und einigen Zitronenscheiben auf. Lassen Sie alles danach einige Minuten ziehen. Den Topf vom Herd nehmen, die Zitronenschale und die Zimtstange entfernen. 500 g Gelierzucker unterrühren, bis er sich vollständig aufgelöst hat. 180 ml Weinbrand oder Cognac dazugießen. Nochmals kurz aufkochen, dabei den Schaum abschöpfen. Sobald sich Gelee bildet, in Gläser füllen.

TIPP! Dieses Gelee eignet sich hervorragend zu Wildbraten oder Rindfleischgerichten!

Birnen im Dampf

Nicht zu reife Birnen werden geschält, die Stiele zur Hälfte gekürzt und in kaltes Wasser gelegt, damit sie nicht braun werden. Sie werden einige Minuten vorgekocht, hübsch in die Gläser eingefüllt, die Stiele nach oben, mit einer Zuckerlösung aus 450 g Zucker auf 1 l Wasser übergossen. Nun die Gläser verschließen und im Dampf wie schon beschrieben 40 Minuten sterilisieren.

Birnenkompott

Zutaten:
500 g Birnen
2 dl Wasser
50 g Zucker

Die Birnen werden geschält und vom Kerngehäuse befreit, in Stücke geschnitten und mit den anderen Zutaten nicht zu weich gedünstet. In eher kleinere Gläser mit Twist-off-Ver-

1 Zitronenscheibe
1 Zimtstange

schluss füllen, verschließen und auf dem Deckel stehend erkalten lassen.

TIPP! Ein einmal geöffnetes Glas bitte innerhalb von 2 Tagen aufbrauchen, da es geöffnet keine Haltbarkeit mehr hat!

Nicht das ganze Jahr sind die Birnen günstig zu kaufen. Nützen Sie also die Zeit und bereiten Sie einen Wintervorrat.

Birnenmarmelade 1

Zutaten:
1000 g sehr reife Birnen
500 g Zucker

Die gewaschenen Birnen von Gehäuse und Kernen befreien. Jetzt die Birnen reiben und nach und nach den Zucker zugeben. Diese Masse ca. 1 Stunde unter fleißigem Rühren bei geringer Hitze köcheln lassen, bis die Masse dick ist. Nun alles in vorbereitete Gläser füllen, mit Rum abdecken und gut verschließen.

Für das folgende Rezept bitte nur sehr feste, fast harte Birnen verwenden.

Birnen im Mantel

Zutaten:
4 große Birnen
1 l Birnensaft (auch gekauften, wenn es rasch gehen soll)
2 Eier
Mehl

Bereiten Sie aus den Eiern, dem Birnensaft und dem Mehl einen eher festen Backteig. Die Birnen halbieren, das Kerngehäuse ausschneiden und in 1 cm dicke Spalten teilen. Jede Spalte in Teig tauchen und im heißen Fett ausbacken, mit einer Mischung aus Zimt und Zucker bestreuen und servieren.

Eingelegte Birnen

Die Birnen werden abgeschält und in Kristallzucker, bedeckt mit halb Wasser, halb Essig, kernig weich gedünstet. Geben Sie 1 Msp. Ascorbinsäure (reine Zitronensäure) dazu, damit die Birnen ihre weiße Farbe behalten. Die Birnen in Gläser schlichten und den Saft darüber gießen, dann im Wasserbad 30 Minuten dünsten lassen.

Tipp! Eine Zimtstange und ein kleines Stück Ingwer erhöhen den Geschmack!

Birnenmarmelade 2

Zutaten:
2000 g Birnen
2000 g Gelierzucker
1/4 l Wasser

Die Birnen werden entkernt und geschält. Die Birnen mit dem Wasser aufsetzen und kochen, bis sie zerfallen. Legen sie 2 bis 3 Zitronenscheiben bei, um die Farbe zu erhalten. Die fast zerkochten Birnen pürieren und mit dem Gelierzucker vermengen. Nochmals aufkochen und noch heiß in vorbereitete Gläser füllen, sofort verschließen und auf dem Deckel stehend auskühlen lassen.

Birnenkaltschale

Zutaten:
750 g Birnen
$1^1/_4$ l Wasser
125 g Zucker
60 g Rosinen
1 Pckg. Vanillepuddingpulver
6 EL kaltes Wasser
$^1/_8$ l Wein
Saft von $^1/_2$ Zitrone

Die Birnen schälen, das Kerngehäuse herausnehmen, in Stücke schneiden und in dem gezuckerten Wasser mit den Rosinen gar kochen. Das Puddingpulver mit dem Wasser anrühren und in die vom Herd genommene Flüssigkeit einrühren. Nochmals kurz aufkochen, den Wein und den Zitronensaft beifügen und kalt stellen.

TIPP! Diese Kaltschale kann auch mit Zuckercroûtons als Suppe an heißen Sommertagen genossen werden!

Wenn Sie Birnensaft für eine Birnensuppe zubereiten möchten, hier ein einfaches Rezept, zu dem Sie auch unbeschädigtes Fallobst verwenden können.

Birnensaft

Zerkochen Sie süße, sehr saftreiche Früchte und pressen Sie den dabei entstandenen Saft durch ein sauberes Leinentuch. Nochmals aufkochen und den Saft 1 Zitrone je Liter Saft beifügen. Sofort in gut gereinigte Flaschen mit Drehverschluss füllen und den Flaschenhals mit 2 cm Obstler oder Weinbrand auffüllen. Die gefüllten Flaschen stehend aufbewahren.

TIPP! Der Saft hält so konserviert mindestens 2 Jahre!

Aus diesem Birnensaft bereiten Sie dann ein köstliches:

Birnenchaudeau

Zutaten:
1/2 l Birnensaft
250 g Feinkristallzucker
6 Eigelb

Birnensaft mit Zucker und Eidottern im Wasserbad so lange aufschlagen, bis es dick ist. Noch warm servieren.

TIPP! Dekorieren Sie diese feine Speise mit geviertelten, gedünsteten Birnen und einigen Plätzchen oder Vanillekipferln!

Gedörrte Birnen (Kletzen)

Dazu eignen sich am besten einfache, billige Birnensorten. Die Früchte werden trocken gerieben und der Stiel nicht entfernt. Ganze Früchte auf den Rost legen und im Backrohr vorsichtig dörren. Dazu muss das Backrohr entweder zeitweise geöffnet werden oder Sie lassen es während der ganzen Dörrzeit einen Spalt offen.

TIPP! Stellen Sie eine leere Pfanne unter den Rost, damit diese den Saft auffängt, der beim Dörren austritt und Ihren Herd verunreinigen würde!

Birnen im Glas

Zutaten:
2000 g Birnen
500 g Zucker
1 Zimtrinde
5 Gewürznelken

Den Zucker und die Gewürze in $^3/_4$ l Wasser aufkochen. Die Birnen schälen, vierteln und das Gehäuse entfernen. In die kochende Zuckerlösung geben und weich kochen. Im eigenen Saft erkalten lassen und dann in Gläser mit Twist-off-Verschluss füllen, mit 2 EL Korn überziehen und verschließen.

Quittengelee

Die Quitten zerdrücken, mit wenig Wasser bedeckt kochen lassen, den Saft filtern. Nehmen Sie bitte für 1 l Saft 750 g Zucker (den Zucker nur löffelweise zum Saft geben, während er kocht). Wenn der Zucker vollständig aufgelöst und das Gelee abgeschäumt ist, in Gläser füllen und mit einem Tuch bedeckt erkalten lassen, erst dann luftdicht verschließen.

Die Quitten sind eine eher benachteiligte Fruchtsorte, darum gleich noch ein Rezept mit Quitten.

Quittenspalten

2000 g Quitten werden geschält, das Kerngehäuse entfernt und in Spalten geschnitten. Hierauf werden 1500 g Zucker mit 7 cl Wasser und 3 cl Essig gekocht. Die Spalten dazugeben, darin weich kochen, herausnehmen und auf ein Sieb zum Abtropfen legen. Der Saft wird noch weitergekocht, bis er dicklich ist. Die Spalten werden in vorbereitete Gläser gelegt, mit dem ausgekühlten Saft übergossen und fest verschlossen.

Wenn am Markt die Feigen kostengünstig sind, bringt mein Sohn bei seinen Besuchen immer grüne frische Feigen mit, aus denen bereite ich dann dieses wunderbare Gericht.

Feigenmarmelade

Zutaten:
1000 g kleine grüne Feigen
500 g Kristallzucker
1/2 l Wasser
1 Vanilleschote

Von den gewaschenen Feigen die Enden abschneiden und trocken tupfen. Die angegebene Zuckermenge mit dem Wasser erhitzen und eindicken lassen. Nun die Feigen und die Vanilleschote beifügen und so lange kochen, bis die Masse Blasen wirft. Die Vanilleschote entfernen. In eher kleinere Twist-off-Gläser abfüllen und auf dem Deckel stehend erkalten lassen (mindestens 12 Stunden), dann erst ins Regal stellen.

Konfitüre, spanische Art

Zutaten:
2 unbehandelte Orangen

Die Früchte unter heißem Wasser abbürsten und in grobe Stücke zerteilen. Die entfernten

1 unbehandelte Zitrone
1 unbehandelte Grapefruit
1 unbehandelte Limone
4 unbehandelte Clementinen
1600 g Puderzucker

Kerne in ein Mullsackerl geben, zusammen mit den Früchten und $1^1/_2$ l Wasser aufsetzen. 20 Minuten kochen, dann den Zucker zugeben und nochmals 45 Minuten köcheln lassen. Dabei öfter umrühren, damit sich nichts anlegt. Den sich bildenden Schaum entfernen. In vorbereitete Gläser füllen und abkühlen lassen. Die kalte Konfitüre mit Rum oder Obstler einstreichen und luftdicht verschließen.

Mandarinenkonfitüre

Zutaten:
1000 g Mandarinen mit dünner und unbehandelter Schale
800 g Kristallzucker
1 Tasse Wasser

Die Mandarinen schälen und die Schalen in einen Topf mit kochendem Wasser geben. Alles 5 Minuten kochen. In einem Sieb abtropfen lassen und in dünne Streifen schneiden. Alle weißen Fäden entfernen und dann in Spalten teilen. Die Mandarinen wiegen und mit der gleichen Menge Kristallzucker (meist 800 g), dem Wasser, den Schalen und den Kernen 45 Minuten weiterkochen, bis die Marmelade geliert, in Gläser füllen und luftdicht verschließen.

TIPP! Sie können die fertige Marmelade auch etwas mehr einkochen, bis sie dick ist, auf ein gefettetes Backblech streichen und trocknen lassen! Dann in gefällige Stücke schneiden – und Sie haben einen wunderbaren Fruchtgummi für Ihre Kinder!

Alle anderen Rezepte sind identisch mit den Apfelrezepten, also werde ich diese Rezepturen weglassen, um mich nicht zu wiederholen. Dafür schreibe ich Ihnen noch ein Kapitel mit Extras auf, um Ihnen noch andere Möglichkeiten vorzustellen.

4. Kapitel

Extras

Orangen-Honig-Marmelade

Zutaten:
1500 g Orangen
450 g Honig
je 600 ml Fruchtfleisch

Schälen Sie die Orangen mit einem scharfen Messer und kochen Sie die Schale in etwas Wasser in ca. 2 Stunden weich. Ist dies geschehen, in streichholzgroße Streifen schneiden und zur Seite stellen. Zerteilen Sie das Fruchtfleisch, entfernen Sie die Kerne sowie die weiße Innenhaut. Fangen Sie den dabei austretenden Saft auf. Messen Sie das Fruchtfleisch mit dem Saft ab und kochen Sie es mit den Schalen und der entsprechenden Menge Honig ungefähr 30 Minuten, bis die Marmelade geliert. In vorgewärmte Gläser füllen und verschließen.

Sicher kennen Sie Rosengeranien, besser bekannt unter dem Namen Pelargonien. In Verbindung mit Äpfeln ergeben diese Blätter eine duftende Köstlichkeit.

Rosengeraniengelee

Zutaten:
1500 g Kochäpfel
kaltes Wasser
Gelierzucker
10 Rosengeranienblätter

Die Kochäpfel waschen und schneiden, mit Wasser bedeckt kochen, bis sie weich sind. Geben Sie die Äpfel in ein Leinentuch, das Sie über einen Topf spannen (mit Gummiring), und lassen Sie den Saft ablaufen. Bitte nicht ausdrücken, damit der Saft nicht trüb wird. Messen Sie den Saft ab, nehmen Sie auf 600 ml Saft 450 g Zucker. Die Geranienblätter in ein Leinentuch geben und mit dem Apfelsaft und dem Zucker in einen Topf geben. Die Mischung jetzt langsam köcheln lassen, dabei aber ständig umrühren, damit sich der Zucker auch ganz auflöst. Bis zur Gelierprobe weiterkochen und dann die Geranienblätter entfernen. Das fertige Gelee in kleine Gläser füllen und gut verschließen.

Nun wieder ein Rezept aus dem England der Königin Viktoria.

Rosenblätterkonfitüre

Zutaten:
230 g Blütenblätter von unbehandelten, sehr stark duftenden Rosen (am besten eignen sich die Blütenblätter der Damaszener Rose)
230 ml kaltes Wasser
Saft einer ganzen Zitrone
450 g Gelierzucker

Schneiden Sie die Ansätze der Blütenblätter ab, da diese Teile des Blattes der Konfitüre einen bitteren Geschmack geben. Geben Sie die Blütenblätter mit dem Wasser in einen Topf. Diese Mischung nun sehr vorsichtig 30 Minuten lang erhitzen, damit Farbe und Duft in die Flüssigkeit übergehen. Bitte nicht kochen. Nehmen Sie die Blätter heraus und heben Sie diese auf. Gelierzucker und Zitronensaft zu der Flüssigkeit im Topf geben und den Zucker ganz auflösen. Kochen Sie nun bitte die Mischung bei großer Hitze auf, bis der Großteil der Flüssigkeit verdampft ist. Wenn ein dickflüssiger Sirup entstanden ist, rühren Sie die Blütenblätter gleichmäßig unter.

TIPP! Verwenden Sie zum Abfüllen dieser Konfitüre nur ganz kleine Gläser, da ein geöffnetes Glas sehr leicht Geschmack und Geruch verliert!

Kürbiskonfitüre

Zutaten:
2000 g Speisekürbis
2000 g Gelierzucker
1 Stück frische Ingwerwurzel
Saft und Schale von 2 unbehandelten Zitronen

Der geschälte Kürbis wird in Stücke geschnitten. Verteilen Sie die Stücke auf einem Backblech und streuen Sie den Gelierzucker darüber, damit der Zucker den Saft aus dem Kürbis zieht. Dann geben Sie bitte alles in einen Topf und kochen es auf. Die geschälte, zerkleinerte Ingwerwurzel dazugeben sowie den Saft und die Schale der Zitronen. Die Mischung kochen, bis sie geliert, dann die Ingwerwurzel entfernen und die Zitronenschale herausheben. Die fertige Konfitüre in vorgewärmte Gläser füllen und noch heiß verschließen.

Rhabarberchutney

Zutaten:
1000 g Rhabarber
1000 g Zucker
2 Zwiebeln
1/2 l Obstessig
1 EL gemahlener Ingwer
1 EL weißer Pfeffer
1 Msp. Nelkenpulver
1 TL Salz

Den geschälten, klein geschnittenen Rhabarber mit Zucker mischen, die Zwiebeln klein hacken und dazugeben. Den Obstessig angießen und bei kleiner Hitze kochen. Immer leicht sieden lassen, dabei umrühren und abschäumen. Erst wenn sich kein Schaum mehr bildet, die Gewürze einrühren. Zu dickem Brei kochen und noch heiß in Schraubdeckelgläser füllen.

Bei mir im Garten wachsen 5 verschiedene Sorten Minze, für mein Minzgelee nehme ich nur die sehr intensive Englische Minze. Die Minze lässt sich auf jedem Balkon oder im Blumenkästchen auch in der Stadt anbauen und so möchte ich Ihnen dieses Rezept auch weitergeben, denn es ist einfach wunderbar.

Minzgelee

Zutaten:
100 g frische Minzeblätter
$^1/_8$ l kochendes Wasser
$^3/_4$ l Apfelsaft
700 g Zucker
einige Tropfen grüne Lebensmittelfarbe

Die Minzeblätter mit dem kochenden Wasser überbrühen und 1 Stunde ziehen lassen. Nach dieser Zeit abgießen und die ausgelaugten Pfefferminzblätter wegwerfen. Die verbleibende Essenz mit dem Apfelsaft und dem Zucker gut vermischen. Unter ständigem Rühren ca. 10 Minuten kochen. Gelierprobe machen. Mit etwas Speisefarbe das Grün aufbessern und sofort in heiß ausgespülte Gläser füllen; verschließen und auf dem Deckel stehend aufbewahren, wenn das Gelee erkaltet ist.

TIPP! Dieses Minzgelee schmeckt wunderbar auf einer Buttersemmel. Oder einen Teelöffel voll bei Heiserkeit auf nüchternen Magen nehmen!

Nicht nur Kinder essen gerne Eis. Eine Spezialität, die auch Diabetiker und Menschen mit Diätvorschriften essen können, stelle ich Ihnen hier gerne vor.

Zitroneneis

Der Saft von 10 Zitronen wird mit 400 g Zucker vermischt, dann fügt man $^1/_4$ l Wasser zu und die gehackte Schale von 5 unbehandelten Zitronen. Das Ganze lässt man etwa 30 Minuten stehen, seiht es durch ein Leinentuch, füllt es in eine passende Gefrierdose und lässt es gefrieren.

Bananensuppe

Zutaten:
1 kleine Zwiebel
10 g Margarine
500 g Bananen
2 TL Currypulver
1 EL Mehl
3/4 l Magermilch
Salz

Die klein geschnittenen Zwiebelstücke in der Margarine anbraten. Bananen abschälen und in Scheiben schneiden. Bitte lassen Sie einige Scheiben zum Garnieren auf der Seite. Die übrigen Bananen in den Topf geben und dünsten, bis sie nach ca. 10 Minuten breiig werden. Currypulver und Mehl darüber streuen und durchschwitzen lassen. Mit Magermilch ablöschen und nochmals aufkochen lassen. Suppe mit Salz abschmecken. Mit den zurückbehaltenen Bananenscheiben garnieren.

TIPP! Dieses Suppengericht hat nur 170 Kalorien und ist in 20 Minuten servierbereit!

Kiwigelee

Zutaten:
10 schon etwas weiche, saftige Kiwis
1000 g Gelierzucker

Ich bürste die Kiwis sehr gut unter fließendem Wasser ab, halbiere sie und gebe sie dann in den Kochtopf. Nach dem Dampfsignal lasse ich den Herd noch 5 Minuten auf kleiner Hitze

1 Pckg. Gelierhilfe
Saft von 1 Orange

aufgedreht. Danach auskühlen lassen und durch ein sauberes Leinentuch pressen. Den gewonnenen Saft mit dem Orangensaft mischen und den Gelierzucker einrühren. Nun wieder auf den Herd stellen und so lange unter Umrühren kochen, bis sich das Gelee reduziert hat. Wenn nötig, die Gelierhilfe zugeben, kurz aufwallen lassen und in kleine Gläser mit Schraubverschluss füllen.

TIPP! Ob Sie die Gelierhilfe benötigen, hängt von der Saftmenge ab, die Sie von den Kiwis bekommen!

Erdbeer-Rhabarber-Marmelade

Zutaten:
5 große Stangen Rhabarber
1/2 Tasse Wasser
1–2 Tassen frische Erdbeeren, halbiert

Die Rhabarberstangen putzen, waschen, gut abtrocknen (bei jungem Rhabarber ist die Haut noch zart und muss nicht abgezogen werden) und dann die Haut abziehen. Schneiden Sie den Rhabarber in 1 cm große Stücke, die Sie mit dem Wasser in einen großen Topf geben. Nach dem Aufkochen die Flamme kleiner stellen und zugedeckt 15 Minuten leicht köcheln lassen. Dann die Erdbeeren dazugeben und zu dickem Brei kochen lassen. In saubere kleine Twist-off-Gläser füllen und 24 Stunden ruhen lassen, ehe Sie sie in Regale räumen.

Haselnusscreme als Brotaufstrich

70 g geröstete Haselnüsse gibt man gerieben in 4 dl kochende Milch und lässt sie 15 Minuten kochen. Erkaltet seiht man sie ab und rührt 70 g Zucker, 1 Ei, 2 Eigelb und 10 g Mehl darunter.

TIPP! Dieser feine Frühstücksaufstrich hält in einem Glas oder einer Plastikdose ca. 2 Wochen, wenn Sie ihn im Kühlschrank aufbewahren!

Früchtegelee

Zutaten:
1/2 l Weißwein
2 EL Rum
40 g Zucker
6 Blatt weiße und
2 Blatt rote Gelatine
400 g beliebige Früchte

Wein und Zucker mit dem Rum erwärmen. Die in wenig kaltem Wasser aufgeweichte, ausgedrückte Gelatine in der warmen Flüssigkeit auflösen. Den Boden von Dessertschalen ca. 1 cm dick mit dem Gelee bedecken. Darauf eine Lage Früchte ordnen, mit Gelee bedecken und stocken lassen. So weiter abwechselnd Früchte und Gelee einschichten, bis die Schalen gefüllt sind. Kalt stellen und vor dem Servieren stürzen. Mit Schlagsahne dekorieren.

TIPP! Wenn Sie diese Nachspeise für einen Kindergeburtstag vorbereiten, nehmen Sie doch einfach statt Wein einen Fruchtsaft Ihrer Wahl!

Zum Abschluss dieses Buches möchte ich Ihnen noch ein Rezept aufschreiben. Ich habe so viel von Läuterzucker geschrieben, hier die Zubereitung von diesem.

Läuterzucker

2000 g Zucker wird mit $^{1}/_{2}$ l Wasser in einem fettfreien Kochgeschirr gekocht und der dabei entstehende Schaum abgeschöpft. Ist das Zuckerwasser klar, haben Sie Läuterzucker.

Nun möchte ich mich, bis zum nächsten Mal, von Ihnen verabschieden. Ich hoffe, es ist mir gelungen, Ihnen die Auswahl bei der Bereitung von Marmelade und Konfitüre zu erleichtern.

Ich wünsche Ihnen gutes Gelingen und guten Appetit

Ihre Gertrude Kreipel

Notizen

Rezepte in alphabetischer Reihenfolge